CANTARES para CASAIS

Pricípios práticos para um casamento alicerçado na Palavra

David Merkh

© 2022 por David J. Merkh

1ª edição: novembro de 2022

Revisão
Daila Fanny
Francine Torres

Diagramação
Sonia Peticov

Capa
Julio Carvalho

Editor
Aldo Menezes

Coordenador de produção
Mauro Terrengui

Impressão e acabamento
Imprensa da Fé

As opiniões, as interpretações e os conceitos emitidos nesta obra são de responsabilidade do autor e não refletem necessariamente o ponto de vista da Hagnos.

Todas as citações bíblicas, salvo indicação contrária, são da *Nova Almeida Atualizada* — NAA (Barueri: Sociedade Bíblica do Brasil, 2017).

As transliterações do texto hebraico e grego seguem o padrão encontrado em: transliterate.com.

Todos os direitos desta edição reservados à
Editora Hagnos Ltda.
Av. Jacinto Júlio, 27
04815-160 — São Paulo, SP
Tel.: (11) 5668-5668

E-mail: hagnos@hagnos.com.br
Home page: www.hagnos.com.br

Dados Internacionais de Catalogação na Publicação (CIP)
Angélica Ilacqua CRB-8/7057

Merkh, David J.
    Cantares para casais: princípios práticos para um casamento alicerçado na Palavra / David J. Merkh. — São Paulo: Hagnos, 2022.

ISBN 978-85-7742-377-4

1. Casamento – Aspectos religiosos I. Título

22-5668   CDD 241.6

Índices para catálogo sistemático:
1. Casamento — Aspectos religiosos

*As muitas águas não poderiam apagar o amor,
nem os rios, afogá-lo. Ainda que alguém oferecesse
todos os bens da sua casa para comprar o amor,
receberia em troca apenas desprezo.*

Cântico 8:7

Dedico este livro a casais que almejam construir seu lar sobre o alicerce do amor verdadeiro encontrado em Cristo.

Sumário

Agradecimentos 9
Lista de abreviaturas 10
Prefácio 11
Como usar este guia 17
Introdução 27

SEÇÃO 1 • Panorama: o amor verdadeiro segundo Cântico

Cântico dos Cânticos 1:1 37
Guia de estudo 1 39
Comentário 1 43

SEÇÃO 2 • A expectativa do amor: despertamento

Cântico dos Cânticos 1:2-11 59
Guia de estudo 2 61
Comentário 2 65

SEÇÃO 3 • A expectativa do amor: paciência

Cântico dos Cânticos 1:12—2:7 81
Guia de estudo 3 83
Comentário 3 88

SEÇÃO 4 • A expectativa do amor: renovação

Cântico dos Cânticos 2:8—3:5 101
Guia de estudo 4 103
Comentário 4 107

SEÇÃO 5 • A expressão do amor: pureza (a noite das núpcias)

Cântico dos Cânticos 3:6—5:1 125
Guia de estudo 5 127
Comentário 5 132

SEÇÃO 6 • A expansão do amor: perseverança

Cântico dos Cânticos 5:2—6:3 151
Guia de estudo 6 153
Comentário 6 158

SEÇÃO 7 • A expansão do amor: perdão

Cântico dos Cânticos 6:4—7:10 171
Guia de estudo 7 173
Comentário 7 178

SEÇÃO 8 • A explicação do amor: recapitulação

Cântico dos Cânticos 7:11—8:14 191
Guia de estudo 8 193
Comentário 8 198

Apêndice 1 215
Apêndice 2 226
Bibliografia de obras consultadas 229
Sobre o autor 232
Livros do autor 233

Agradecimentos

Sou grato a Deus pelo privilégio que me deu de ministrar durante muitos anos como pastor de exposição bíblica da Primeira Igreja Batista de Atibaia. Nela, em 2016, preguei pela primeira vez uma série de mensagens expositivas sobre "O amor verdadeiro conforme Cântico dos cânticos".

Desde então, tive o privilégio de ensinar esse conteúdo em vários seminários, igrejas e reuniões de casais. Agradeço a eles e especialmente aos alunos do Seminário Bíblico Palavra da Vida, que deram sugestões enquanto assistiam às aulas sobre Cântico. Sou grato pelas sugestões e pelo encorajamento que têm enriquecidos o conteúdo e a aplicação desses estudos.

Como sempre, agradeço à equipe eficiente e séria da Editora Hagnos, que crê na produção de material bíblico e prático para a igreja brasileira.

Que Deus use este guia de estudos para fazer com que as preciosas lições de Cântico dos Cânticos abençoem milhares de famílias.

Lista de abreviaturas

A21: *Almeida Século 21*
ACF: *Almeida Corrigida Fiel*
BDB: Brown, Driver, Briggs, *Enhanced Brown-Driver-Briggs Hebrew and English Lexicon*
BAGD: Bauer, Arndt, Gingrich, Danker, *A Greek-English Lexicon of the NT*
ESV: *English Standard Version*
NAA: *Nova Almeida Atualizada*
NVI: *Nova Versão Internacional*
NVT: *Nova Versão Transformadora*
RA: *Almeida Revista e Atualizada*
RC: *Almeida Revista e Corrigida*
TWOT: *Theological Wordbook of the Old Testament*

Prefácio

Em 2019, lançamos nossa obra-prima *Comentário bíblico: Lar, família e casamento*, em que trabalhamos os principais textos bíblicos nos quais a família é foco principal. Uma parte significativa desse volume tratou do fascinante, mas pouco conhecido, livro de Cântico dos Cânticos,[1] um livro inteiro da Bíblia que aborda a vontade divina para amor, romance, casamento e sexo.

Diante da aceitação tão favorável daquele material, resolvemos tornar o estudo de Cântico ainda mais acessível por meio desta obra, formada a partir do nosso *Comentário bíblico*.

Este volume traz um guia de estudo no começo de cada capítulo, feito para estudo individual ou em grupos pequenos de casais, classes, encontros, retiros e aconselhamento de casais. Cada guia inclui instruções importantes para um facilitador ou professor:

- propósito da lição;
- objetivos;
- uma sugestão de uma dinâmica para iniciar o estudo;
- perguntas para discussão focadas no texto bíblico de Cântico;
- uma sugestão para a oração final;
- mais perguntas para reflexão;
- uma tarefa final.

As respostas às perguntas encontram-se no conteúdo do comentário em si. O líder de grupo só precisa ler o texto bíblico e o comentário para estar preparado para conduzir o estudo.

Nossa esperança é que essa série de lições torne o conteúdo de Cântico ainda mais acessível para uma geração que desesperadamente

---

[1] Também chamado de *Cantares, Cantares de Salomão* ou *Cântico de Salomão*; também usaremos aqui a forma reduzida "Cântico".

carece de sua mensagem sobre a paciência, pureza e perseverança do amor.

PARA QUEM SE DESTINA?

Este livro destina-se a indivíduos e casais que querem se aprofundar no estudo indutivo do principal livro bíblico em que Deus relata sua vontade para o relacionamento a dois. Seja em estudo individual, no aconselhamento pré-nupcial, em classes de escola bíblica, seja em grupos pequenos, o guia visa abrir a compreensão dos leitores quanto a um livro ao mesmo tempo enigmático e mal compreendido.

Este livro também foi pensado para pastores e professores que querem preparar mensagens bíblicas e expositivas de Cântico, seja em séries para a igreja, seja em ocasiões especiais como retiros e conferências de casais. Esperamos que esses líderes sejam motivados a pregar mensagens bíblicas, expositivas, contundentes e práticas sobre o relacionamento conjugal. O desenvolvimento de cada capítulo tem como alvo fornecer um guia confiável de exposição bíblica para pastores.

O FOCO

Nosso foco é expositivo, ou seja, analisamos cada texto bíblico dentro do seu contexto e de forma coerente com o argumento do A(a)utor.[2] Ofereceremos aplicações coerentes e relevantes no contexto atual.

O MÉTODO

Cada capítulo seguirá o modelo básico de exposição bíblica, que por definição é "explicação aplicada". Apresentaremos cada texto de Cântico em seu contexto bíblico, junto com um esboço simples que revela sua estrutura. Com isso, explicaremos o significado de cada texto, versículo por versículo, com base no texto original hebraico quando necessário. Comentários mais técnicos entrarão nas muitas notas de rodapé que visam ao leitor mais avançado.

---

[2] A identificação do argumento do Autor (letra maiúscula) procura descobrir a intenção divina no registro bíblico, entendendo que o instrumento principal que usou foi o autor (letra minúscula) e sua personalidade, seu estilo literário etc.

Sugestões de aplicações e material ilustrativo aparecem no decorrer da discussão, para que o conteúdo não seja meramente acadêmico, mas focado no coração e na prática. Como dizia nosso saudoso professor Dr. Howard Hendricks, "Estudo bíblico sem aplicação é um aborto espiritual".

A lição principal de cada capítulo, sua "grande ideia" está expressa em termos atemporais e transculturais no final do capítulo.

Em tudo, nossa chave de leitura é cristocêntrica. Mesmo não encontrando Jesus nos detalhes de Cântico dos Cânticos, entendemos que todo casamento aponta para o casamento entre Cristo e a igreja. O casamento humano tem valor porque aponta para o grande dia das bodas do Cordeiro. Protegemos esse relacionamento terrestre porque prefigura o casamento celestial final.

Reconhecemos que ninguém, senão Jesus, consegue viver a vida cristã, e ninguém, senão Cristo, consegue construir um lar cristão (cf. Salmos 127:1; João 15:5; Gálatas 2:19-20). Na desconfiança da nossa carne e na dependência dele trabalhamos para que Ele seja glorificado em nosso lar.

Também trabalhamos baseado na hipótese de que o casamento, em sua essência, não é um fim em si mesmo, mas aponta para a glória de Deus:

> O casamento é como uma metáfora, uma imagem, um retrato, uma parábola ou um modelo que representa algo mais que um homem e uma mulher tornando-se uma só carne. Representa o relacionamento entre Cristo e a igreja. Esse é o significado mais profundo do casamento. Seu objetivo é ser a viva encenação do amor fiel à aliança entre Cristo e a igreja.[3]

J. Lanier Burns aponta a importância fundamental que a família tem nas Escrituras e a diferença que esse modelo possui hoje em termos práticos:

---
[3] John PIPER, *Casamento temporário*, p. 68.

Somente podemos concluir que casamento é nada menos que a metáfora principal para descrever o relacionamento de Deus com seu povo e o futuro glorioso deste [...]. Casamento bíblico [...] é de suprema importância para as questões que enfrentamos hoje: sexualidade anormal, confusão de gênero, anarquia moral e divórcio prolífico.[4]

UMA PALAVRA PARA PREGADORES, PROFESSORES E FACILITADORES

Apesar de milhares de anos de sucesso comprovado, a sabedoria divina centrada em Cristo, inspirada pela graça e revelada por Deus está sendo substituída por manuais de autoajuda e psicologia *pop* na arena da vida familiar.

Infelizmente, mesmo em igrejas evangélicas, um papel cada vez menor é dado às Escrituras para a orientação das famílias em seu percurso por mares turbulentos atuais.

Na exposição bíblica, nos preocupamos não somente com *o que* o Espírito Santo falou (escreveu), mas também com o *como*. A "unção" que tantos desejam para sua pregação exige humildade e dependência (confiança) no Espírito Santo. Isso leva o pregador a se alinhar tanto quanto possível com a maneira pela qual o próprio Espírito registrou sua vontade para nós nas Sagradas Escrituras. Quando reorganizamos o texto bíblico a nosso gosto, arrancamos textos de seu contexto, ou impomos significados ao texto que nenhum leitor original teria entendido, demonstramos arrogância e falta de confiança no Espírito, e acabamos minando a confiança das pessoas na suficiência da Palavra. Esse tipo de mal uso das Escrituras é muito visto em mensagens para e sobre a família.

Podemos entender melhor a seriedade da tarefa de pregar a Palavra quando lemos as últimas palavras do apóstolo Paulo em 2Timóteo 4. O foco do texto é a ordem do versículo 2: "PREGUE A PALAVRA, insista, quer seja oportuno, quer não, corrija, repreenda, exorte com

---

[4] J. Lanier BURNS, "The Biblical Use of Marriage to Illustrate Covenantal Relationships", p. 295-296.

toda a paciência e doutrina". Paulo poderia ter falado muitas outras coisas antes da sua morte, mas sua preocupação principal, bem como o desafio final que ele dá ao jovem ministro e filho na fé Timóteo, é a pregação fiel da Palavra de Deus.

Em nossos dias, existe a tendência de tratar o texto bíblico de forma superficial, antropocêntrica e alegórica. Ele é usado como fonte de textos-prova que se torna um "trampolim" para falar o que o pregador quer dizer. Em nome de "relevância", devido à falta de confiança no poder da Palavra explicada e aplicada, ou até por confiança demasiada nas habilidades do próprio pregador, são poucos os que pregam a Palavra expositivamente no ministério com famílias.[5]

ESCLARECIMENTO

Não somos contra a ministração tópica de temas familiares desde que ela seja bíblica, hermenêutica e exegeticamente válida dentro do contexto e argumento do A(a)utor do texto. Nosso apelo é para um retorno ao ensino expositivo de textos bíblicos sobre a família.

Infelizmente, mesmo na igreja de Jesus Cristo, muitos têm recorrido a "cisternas sem água", fontes que não saciam a sede do ser humano sedento de uma palavra confiável do Alguém que sabe como a família foi feita para funcionar, o Fabricante do lar! Para muitos o manual do fabricante é o último a ser consultado quando formam uma família. Como certo autor comentou, "Entre todos os relacionamentos que temos neste mundo, nenhum é mais carente dos pensamentos de Deus e dos seus caminhos que o casamento".[6]

Ao abordarmos questões tão fundamentais, mas também tão controversas nestes dias em que a família sofre inúmeros ataques, a questão metodológica e hermenêutica é fundamental. Afinal de contas, nossa decisão quanto à autoridade que seguimos determinará as conclusões a que chegaremos em questões polêmicas na área familiar. Desde o

---

[5] Podemos fazer a mesma afirmação com respeito a outros temas importantes que muitas vezes são abordados de forma mais tópica e dedutiva do que expositiva e indutiva, tais como missões; adoração, escatologia etc.

[6] Bill MILLS, *Fundamentos bíblicos para o casamento*, p. 20.

início, queremos deixar claro que o princípio de *Sola Scriptura* há de nortear a nossa abordagem. Se não concordarmos sobre esse princípio, não temos diálogo.

Nosso foco será única e exclusivamente o ensino claro das Escrituras em Cântico dos Cânticos. Entendemos que as Escrituras que possuímos, preservadas ao longo de milhares de anos, representam a vontade de Deus ainda hoje e têm tudo de que precisamos para uma vida piedosa (2Pedro 1:3).

Nossa oração é que este material seja um recurso para todos os interessados em voltar a ouvir a única voz que ainda fala com autoridade e relevância sobre amor, romance, casamento e sexo. Que Deus transforme nosso lar pela sua verdade e para sua glória.

Pr. David Merkh
Atibaia, SP
Maio, 2022

Como usar este guia

Este é nosso quarto livro de estudos bíblicos para grupos de casais. Os primeiros três, da série "15 Lições" (*15 Lições para transformar o casamento*, *15 Lições para a criação de filhos* e *15 Lições para fortalecer a família*), têm sido adotados em igrejas de todo o Brasil e no mundo afora. O presente guia de estudos para casais segue o formato das anteriores, com exceção do foco, que não está em temas, mas no estudo sistemático, versículo por versículo, do livro de Cântico.

Alguns destaques distinguem essa série de estudos de outras:

- **Ênfase bíblica e cristocêntrica.** Ancoramos toda lição na autoridade bíblica. Procuramos enfatizar o que a Bíblia enfatiza, sempre com olhos abertos para a suficiência de Cristo Jesus na edificação do lar (cf. Salmos 127:1; Gálatas 2:20).

- **Contexto brasileiro.** Os exemplos, as citações e as aplicações refletem a realidade brasileira, e não a de outros contextos, com outros problemas.

- **Método interativo.** Os encontros são uma discussão, e não uma aula. Há muita liberdade para o estudo indutivo do texto bíblico, com o compartilhar dinâmico e a contribuição de todos os membros do grupo.

- **Foco local.** Oferecemos este guia de estudos à igreja brasileira sem qualquer tentativa de padronizar seu uso, sem nenhum tipo de *franchising*. Só pedimos, no interesse de integridade e ética cristã, que não sejam feitas cópias não autorizadas. Desejamos que cada igreja local avalie o currículo e que o use como bem entender: em classes de escola bíblica dominical, grupos pequenos, estudo individual, encontros de discipulado ou em retiros especiais ou outros formatos.

BENEFÍCIOS DESTA SÉRIE DE ESTUDOS

Estes estudos constituem uma espécie de discipulado. O alvo do cristão é ser cada vez mais semelhante a Cristo Jesus, e que seu casamento espelhe e espalhe a glória dele. Alguns benefícios deste guia:

- Oferece oportunidade para o casal priorizar e aperfeiçoar seu crescimento conjugal.
- Promove comunhão e mutualidade entre pessoas com interesses comuns.
- Exige um comprometimento de curto prazo por parte dos membros do grupo de estudo.
- Não requer um profissional para liderar o grupo, somente um facilitador.
- Focaliza o texto bíblico, e não opiniões humanas, como autoridade final no relacionamento conjugal.
- Não requer treinamento especial e tampouco supervisão fora do contexto da própria igreja.
- Leva à aplicação prática dos princípios aprendidos.
- Segue o modelo bíblico de encontros em grupos pequenos e familiares (cf. Atos 2:41-47; Hebreus 10:24).
- Funciona como curso de discipulado cristão.
- É versátil, sendo facilmente adaptado para o uso em grupos pequenos, escola bíblica dominical, aconselhamento pré ou pós-nupcial, retiros de casais e outros contextos.

COMPROMISSO DO GRUPO

Existem alguns requisitos básicos para o bom funcionamento de um grupo de estudo bíblico. Por se tratar de um currículo breve, é importante que todos se empenhem em seguir os quatro Ps a seguir:

- **Presença.** O casal deve procurar não faltar nos encontros. Se for necessário, que não perca mais de duas lições da série. Se isso não for possível, o casal deve considerar fazer o curso em outro momento, quando as circunstâncias o permitirem. Também é recomendável que ambos, marido e esposa, estejam presentes nos encontros, e que ambos façam as tarefas.

- **Pontualidade.** Atrasos, mesmo de alguns minutos, prejudicam não somente o casal, mas o grupo inteiro.
- **Participação.** Os estudos pressupõem participação ativa dos membros. Ninguém está lecionando, por isso cada membro precisa fazer sua parte para contribuir com as discussões, sem dominar a conversa.
- **Privacidade.** Não se deve compartilhar na reunião algo que possa envergonhar o cônjuge ou outra pessoa presente; também não se deve compartilhar fora da reunião o que foi compartilhado em confidencialidade dentro dela.

É bom orar, como grupo, sobre esse compromisso antes de prosseguir com as lições. Que Deus abençoe ricamente todos enquanto firmam alicerces matrimoniais cada vez mais fortes.

UMA PALAVRA PARA OS FACILITADORES

Parabéns! Pela graça de Deus você facilitará um grupo de estudo bíblico. Sua tarefa é de extrema importância e exigirá muita dependência do Senhor. Talvez você se sinta incapaz, e ainda bem. Você está em boa companhia, pois o próprio apóstolo Paulo disse:

> Não que, por nós mesmos, sejamos capazes de pensar alguma coisa, como se partisse de nós; pelo contrário, a nossa capacidade vem de Deus, o qual nos capacitou para sermos ministros de uma nova aliança, não da letra, mas do Espírito (2Coríntios 3:5-6).

Conforme diz o ditado, "Deus não chama os capacitados, mas capacita os chamados".

Aqui vão algumas diretrizes que o irão ajudar você a servir seu grupo. Anime-se! Deus pode usar sua vida para provocar mudanças, não somente em sua própria família, mas na família de outros casais também.

Como iniciar seu grupo

As lições apresentadas aqui podem ser usadas em quase qualquer contexto, embora o ideal seja um grupo pequeno familiar (entre cinco e sete casais), uma classe de escola bíblica dominical ou um encontro particular de discipulado ou aconselhamento.

Sugerimos que, antes de iniciar seu grupo, você converse com a liderança da sua igreja para verificar o apoio dela aos estudos e ao grupo. Tendo a aprovação da liderança, busque outro casal para ser o anfitrião do grupo (caso os estudos sejam realizados numa casa) e mais um casal como colíder.

O próximo passo é convidar casais para participarem do grupo de estudo. Pense em casais altamente ensináveis, desejosos de crescer e com disponibilidade para se comprometer com o grupo até o término dos estudos. É melhor começar com um grupo piloto e depois expandir, formando novos grupos, do que tentar abraçar o mundo desde o início.

O último passo é marcar a primeira reunião. Muitos grupos gostam de fazer no primeiro encontro uma atividade social (piquenique, junta--panela, churrasco, jantar romântico). Seja como for, nessa reunião você deve apresentar o material e acertar os detalhes dos encontros (onde e quando).

Descrição de tarefas do líder

A tarefa do líder de estudos resume-se na palavra "facilitar". Ele não precisa ter as respostas para todas as perguntas levantadas, embora deva se comprometer a correr atrás de respostas às questões "cabeludas" que ocasionalmente surgirão. Não precisa ter uma família perfeita, mas precisa ter uma família sadia. Não precisa gastar horas preparando lições e visuais, mas deve se preparar o suficiente para garantir o bom funcionamento do grupo. Deve ser comprometido com o ministério de casais, ter a visão de alcançar a família pelos princípios da Palavra de Deus, ser responsável e fiel e estar disposto a servir a Deus como bom despenseiro da sua multiforme graça (1Pedro 4:10-11). O líder precisa depender de Deus para efetuar mudanças permanentes nos casais do grupo.

As responsabilidades do líder do grupo são:

- Convidar casais para compor o grupo e manter o controle dos membros.
- Gerenciar o lugar, o horário e a duração dos encontros, assim como providenciar cuidado para os filhos dos casais participantes durante a reunião.
- Providenciar exemplares deste guia para os membros do grupo.
- Coordenar, junto com os anfitriões, a disposição de móveis no lugar do encontro, assim como o método de servir a comida.
- Estudar a lição antes do encontro, fazendo a leitura apropriada e esclarecendo dúvidas pessoais antes da reunião.
- Receber os membros do grupo em sua chegada, iniciar o estudo pontualmente e conduzi-lo de forma sábia, sensível às necessidades do grupo e dos anfitriões.
- Dirigir a discussão sem dominar o estudo nem lecionar o conteúdo. O líder deve facilitar a aprendizagem e o compartilhar que será feito por todos os casais.
- Garantir, na medida do possível, que todos participem tenham possibilidade de participar das discussões, sem que um membro domine a conversa.
- Terminar o encontro no horário combinado, com uma oração.
- Avaliar o andamento do grupo, fazendo as mudanças necessárias e esclarecendo dúvidas com o pastor ou coordenador do ministério com casais.

Descrição de tarefas do colíder

O colíder pode ser um líder em treinamento, um auxiliador ou alguém que divide as responsabilidades de liderança do grupo. Em termos gerais, suas tarefas incluem:

- Ajudar o líder do grupo em qualquer necessidade.
- Substituir o líder na ausência deste.
- Ministrar estudos sob a orientação do líder.

- Manter a lista de frequência do grupo e entrar em contato com os membros que eventualmente faltarem.
- Coordenar a escala dos casais que levarão comidas (caso haja), lembrando o casal responsável desse compromisso.
- Avaliar, com o líder, o progresso do grupo e o andamento de cada estudo.

Descrição de tarefas dos anfitriões

Quando os estudos são ministrados no contexto de uma casa, os anfitriões têm um papel muito especial. Suas responsabilidades são:

- Preparar o ambiente para facilitar a discussão e a comunhão.
- Cumprimentar os membros do grupo ao chegarem, fazendo com que se sintam à vontade.
- Preparar a mesa e o lugar em que será servida a comida, quando houver.

Diretrizes para os encontros

Obviamente, há liberdade na maneira como cada facilitador irá conduzir seu grupo. As diretrizes abaixo são sugestões, não uma camisa de força. Adapte-as para sua realidade, sob a orientação do Espírito Santo e com muita oração. O resto Deus fará!

1. **Qual a frequência dos encontros?** O ideal é que o grupo se encontre semanal ou quinzenalmente. Encontros mensais também são possíveis, mas o tempo entre as reuniões dificultará a sequência e o aproveitamento dos estudos.
2. **Onde se encontrar?** Sugerimos que o grupo sempre se reúna no mesmo lugar. É possível revezar o local a cada encontro, mas isso talvez crie mais problemas do que soluções.
3. **E as crianças?** O encontro deve acontecer sem os filhos, a não ser bebês de colo. Sejam criativos em lidar com essa questão, talvez contratando alguém para cuidar das crianças em outra casa ou até

mesmo na igreja. A presença de crianças pode impedir o desenvolvimento tranquilo das lições.

4. **Qual é a duração de um encontro?** Neste livro, pensamos em encontros de uma hora e meia a duas horas de duração. Em caso de encontros de uma hora, como no caso de classes de escola bíblica dominical, algumas partes do estudo talvez devam ser deixadas ou a lição terá de ser dividida em duas ou mais partes. O importante é que seja definido um tempo máximo para o encontro.

5. **Qual é a nossa fonte de autoridade?** Os membros do grupo devem entender que, embora haja oportunidade para discussão e troca de opinião, a única fonte de autoridade sempre será a Palavra de Deus.

6. **Qual é o formato da reunião?** Para um grupo familiar, sugerimos o seguinte formato. Outros grupos, por exemplo, de Escola Bíblica Dominical, poderão modificar esse programa conforme o tempo disponível. Note que os tempos designados são aproximados.

Formato das reuniões
(Chegada)
- Dinâmica inicial (quebra-gelo): 10 minutos
- Revisão da lição anterior e compartilhar sobre a leitura (tarefa): 10 minutos
- Perguntas para discussão (estudo da Lição): 45 minutos
- Perguntas para reflexão (opcional, conforme tempo)
- Oração (5 minutos)
- Tarefa (explicar a leitura a ser feita antes do próximo encontro) (1 minuto)
- Comunhão (salgados e doces): 20 minutos

7. **Deve haver comida?** Servir comidas é uma decisão que cabe ao grupo, considerando o tempo do encontro, o tipo, o local e o horário. Caso decidam por comerem juntos, montem na primeira reunião uma escala dos responsáveis por providenciar a comida. Ela deve ser simples (nada de competição para ver quem traz o melhor prato!), pois a ênfase está na comunhão.

8. **E o treinamento dos líderes?** Se existir mais de um grupo de estudo na comunidade, pense na possibilidade de realizar um treinamento especial com os líderes e colíderes. Pode ser feito num retiro, num encontro de sábado, ou numa classe de escola bíblica dominical específica para os facilitadores. Nesse treinamento, o coordenador do ministério dará diretrizes, ministrará os estudos, tirará dúvidas e orientará a equipe.

9. **Como promover maior união no grupo.** Pense nestas possibilidades:
   - Formar um grupo no WhatsApp para facilitar a comunicação.
   - Tirar uma foto de todo o grupo e de cada casal individualmente; distribuir cópias da foto do grupo e guardar as outras para orar pelos casais durante a semana.
   - Enviar recados ou ligar para os membros do grupo ocasionalmente para encorajá-los e saber como estão aproveitando os estudos.
   - Promover encontros "extraclasses" para confraternização de casais ou famílias. Pense na possibilidade de um piquenique, um jantar romântico ou outro passeio em grupo.

Sobre a última reunião (ou formatura)

Recomendamos uma programação especial para o último encontro do seu grupo, de preferência, uma ou duas semanas depois de completar a última lição. Essa formatura dos casais pode incluir os seguintes elementos:

- Enfeites especiais.
- Comidas (sugere-se que cada casal traga um prato de doces ou salgados).
- Convidados especiais (talvez casais interessados em participar em um novo grupo de estudo).
- Testemunhos dos participantes sobre os pontos altos dos estudos e como Deus trabalhou em suas vidas e famílias.
- Entrega de certificados aos participantes que mantiveram a frequência exigida e completaram as tarefas.

- Expressões de agradecimento ou lembrancinhas aos membros do grupo e especialmente aos anfitriões e líderes.

Com essas diretrizes em mente, é hora de começar uma nova aventura de estudo bíblico. Que Deus o direcione nessa jornada de descobertas sobre a vida conjugal em Cântico dos Cânticos!

Introdução

Tenho vergonha de admitir que ministrei para casais e famílias durante mais de três décadas antes de realmente me aprofundar no livro *principal* que Deus nos deu em sua Palavra para tratar de amor, romance, casamento e sexo. Talvez por timidez, talvez por medo, durante todos aqueles anos deixei de aproveitar dos ensinamentos profundos e práticos de Cântico dos Cânticos, tanto em minha própria vida e vida conjugal como no ensino aos outros.

Deus achou por bem reservar um dos 66 livros da sua Palavra exclusivamente para o assunto do amor romântico que une homem e mulher, o qual elabora de forma poética o que já foi declarado em Gênesis 1 e 2. Como G. Lloyd Carr afirma,

> Em um sentido, o Cântico é um comentário estendido sobre a história da criação — uma expansão do primeiro cântico de amor na história. "Então o homem disse: 'Esta, afinal, é osso dos meus ossos e carne da minha carne; chamar-se-á varoa, porquanto do varão foi tomada'" (Gênesis 2:23).[1]

Porém o livro de Cântico talvez seja o livro mais difícil de interpretar, e o mais mal interpretado, de todas as Escrituras. Gordon Johnston cita o judaico erudito Saadia, que lamentou o fato de o livro de Cântico se assemelhar a um cadeado do qual as chaves se perderam e que o livro, assim como o "jardim fechado" da Sulamita, tinha seus segredos trancados e inacessíveis para muitos amantes.[2]

---

[1] G. Lloyd CARR, *The Song of Solomon*, p 35.
[2] Gordon H. JOHNSTON, "The Enigmatic Genre and Structure of the Song of Songs, Part 1", p. 36.

DEUS FALA

Enquanto o mundo fala muito sobre a paixão e o amor erótico, alguns acham que Deus tem vergonha da sexualidade humana. Nada pode estar mais distante da verdade! Deus não somente fala sobre a paixão romântica como foi Ele quem a criou e abençoou. Não é de estranhar que Ele tenha dedicado um livro inteiro da Bíblia para tratar desse assunto: Cântico dos Cânticos.[3] G. Lloyd Carr comenta: "Se Deus está preocupado com a nossa condição humana — e a encarnação deixa claro que Ele está preocupado sim — então sua revelação está preocupada com todo aspecto dessa condição. E isso inclui a sexualidade humana".[4]

É interessante notar que o tema da nudez avança na narrativa da criação e queda da raça humana em Gênesis 1—3. O casal que estava "nu, e não se envergonhava" (Gênesis 2:25) encontrou-se nu e envergonhado depois da queda (Gênesis 3:7). O livro de Cântico serve como complemento a essa história, demonstrando como o casal casado pode retornar, pelo menos até certo ponto, ao estado original, a uma sexualidade plena, abençoada por Deus, redimida e sem sentir vergonha.

> O retrato do amor sexual em Cântico recupera essa cena em que o homem e a mulher se deleitam plenamente no corpo um do outro, e o fazem sem sentir vergonha. Essa é, portanto, a maneira de Deus de recuperar tanto a fidelidade quanto à unidade e à intimidade do casamento, que o inimigo tentou roubar do povo de Deus ao fazer o sexo parecer algo excitante fora do casamento ou algo vergonhoso e não mencionável dentro dele. O autor inspirado de Cântico tem uma perspectiva diferente.[5]

Alguns, na história da igreja, têm alegorizado esse livro, imaginando que sua mensagem só fale do amor de Deus para Israel, ou da "paixão" entre Cristo e a igreja. Outros, como São Jerônimo, assustaram-se tanto

---

[3] Também chamado de *Cantares, Cantares de Salomão* ou *Cântico de Salomão*. Veja a primeira nota de rodapé do Prefácio. [Nota do Editor.]
[4] G. Lloyd CARR, *The Song of Solomon*, p. 9.
[5] Gordon FEE; Douglas STUART, *Como ler a Bíblia livro por livro*, p. 194.

com o conteúdo escancaradamente sexual que sugeriram que ninguém o lesse antes dos 30 anos! Mas nada é mais normal do que uma palavra divina sobre o mais importante dos relacionamentos humanos. Deus se interessa sim pelo desenvolvimento do amor matrimonial, inclusive o "namoro", as núpcias, a lua de mel e o cotidiano da vida a dois. Deus fala sim sobre amor e paixão, e não gagueja!

Esta mensagem do livro, pelo menos, está clara: Deus criou e abençoou o amor verdadeiro entre um homem e uma mulher. Mas quais as características desse amor? Como identificá-lo? Como distinguir paixão superficial de amor genuíno? Essas perguntas perturbam adolescentes e jovens à procura do príncipe ou da princesa encantados. Complicam a vida dos pais que desejam orientar os filhos nos caminhos sinuosos do amor. E levantam perguntas para os casados: como manter acesa a chama do amor? Como superar os obstáculos inevitáveis, as "raposinhas" (cf. Cântico 2:15) que tentam devastar as flores do amor?

O ENSINO DE CÂNTICO

Alguns questionam se é válido expor um livro tão franco e de conteúdo tão delicado no contexto eclesiástico. Parsons, por exemplo, afirma que "pregar o livro de Cântico seria inapropriado na maioria dos contextos congregacionais por causa da sua linguagem franca e conteúdo especial".[6] Certamente, pregar o livro de Cântico no contexto geral da igreja levanta questões filosóficas e ministeriais importantes, que, embora não possam ser respondidas exaustivamente aqui, certamente merecem alguma consideração. Cabem algumas reflexões importantes e relevantes em termos do uso do livro de Cântico atualmente.

1. Todo o desígnio de Deus

A pergunta sobre o contexto e a legitimidade da exposição bíblica de Cântico toca numa questão maior: há livros bíblicos que não devem ser ensinados publicamente, mas somente em particular ou em grupos

---

[6] Greg W. PARSONS, "Guidelines for Understanding and Utilizing the Song of Songs", p. 399-422.

específicos? É válido pregar em Cântico para a igreja toda? Ou será que deve ser reservado para encontros ou retiros de casais, ou talvez para encontros de aconselhamento pré-nupcial?[7] O apóstolo Paulo disse aos presbíteros de Éfeso: "Jamais deixei de anunciar o que fosse proveitoso e de ensinar isso a vocês publicamente e também de casa em casa" (Atos 20:20), e: "Jamais deixei de lhes anunciar todo o plano de Deus" (Atos 20:27). Será que o ministério de exposição bíblica de Paulo incluiu o livro de Cântico? Cântico é "proveitoso" para toda a igreja ou somente para alguns?

Entendemos que o livro de Cântico não somente pode, mas deve ser exposto para toda a igreja. Existem, contudo, considerações homiléticas e pastorais que o expositor sensível deve considerar para não ofender desnecessariamente a audiência e para manter o bom gosto que o próprio livro exemplifica. Mesmo um estudo superficial de Cântico revela um desafio assustador: o que fazer com os textos sensíveis, ou seja, que tratam de assuntos íntimos, como a relação sexual do casal e descrições do corpo humano?

Notamos que a Palavra de Deus quase sempre usa a figura de linguagem conhecida como *eufemismo* para tratar de assuntos de natureza íntima e sexual. Eufemismo vem do grego αὐφημισμός (*aufēmismos*), derivado dos termos εὐ (*eu*), "bem", e φημί (*phēmi*) "dizer". Bullinger define eufemismo como a ocasião em que uma expressão áspera cede lugar para outra menos ofensiva.[8]

O livro de Cântico é campeão de eufemismos, pois trata de assuntos que consideramos sensíveis, ou até pesados, com muito decoro. O expositor deve seguir seu exemplo. Gledhill afirma que o expositor nunca deve violar o modelo do Cântico, que expressa o fascínio sensual dos amantes sem se tornar pornográfico.[9] Leland Ryken enfatiza

---

[7] Parsons propõe alguns usos fora do contexto eclesiástico, incluindo sermões de bodas, classes de casais, retiros de casais, classes de adolescentes e jovens e no aconselhamento pré-nupcial ("Guidelines for Understanding and Utilizing the Song of Songs", p. 419-421).

[8] E. W. BULLINGER. *Figures of Speech Used in the Bible*, p. 684.

[9] Tom Gledhill, *The Message of the Song of Songs*, p. 29-30, citado em Greg W. PARSONS, "Guidelines for Understanding and Utilizing the Song of Songs", p. 420.

que "O modo simbólico de Cântico, em que a consumação sexual, por exemplo, é retratada na figura de possuir um jardim [...] tem embutido certa reserva que mantém o poema longe de ser pornográfico".[10]

Parsons acrescenta:

> O expositor deve exercer grande cuidado ao explicar as metáforas de Cântico que contêm possíveis eufemismos ou termos de duplo sentido (como em 7:2) para evitar ofender os ouvintes ou até levá-los a cair em pensamentos impuros, por ser explícito demais na explicação do seu significado sexual.[11]

Carlos Osvaldo Pinto conclui:

> O Cântico dos Cânticos nunca é vulgar ou grosseiro em sua linguagem. Sua sexualidade é clara, mas não explícita; é exposta, mas dignificada; é cativante, mas tímida. Contribui para o amor ao invés de ser seu centro. Assim, o Cântico contribui para a revelação de Deus ao exaltar o tipo de amor que segue o padrão criativo de Deus e evita aquelas distorções das quais a própria Escritura dá amplo testemunho.
>
> Em um mundo em que tais perversões praticamente se tornaram a norma, o Cântico dos Cânticos é ao mesmo tempo contemporâneo e relevante.[12]

Cremos que o expositor criativo e sensível não somente pode, mas deve, ensinar esse livro dentro da dieta bíblica que oferece à igreja. Além do ministério de púlpito, o livro pode ser usado em encontros de casais, classes de escola bíblica, grupos pequenos, ministério com adolescentes e jovens (observando os cuidados mencionados aqui), aconselhamento pré e pós-nupcial, aconselhamento bíblico de casais e de forma devocional pelo próprio casal.

---

[10] Leland RYKEN, *Words of Delight*, p. 287.
[11] Greg W. PARSONS, "Guidelines for Understanding and Utilizing the Song of Songs", p. 420.
[12] Carlos Osvaldo PINTO, *Foco e desenvolvimento no Antigo Testamento*, p. 580.

2. Ensino cristocêntrico?

Quase todos reconhecem os exageros e enganos do método alegórico de interpretação aplicado ao longo dos séculos no estudo de Cântico. Mas resta uma dúvida: É possível pregar o livro com perspectiva cristocêntrica quando sequer menciona Deus? Caso sim, como? Sem ser simplista demais, adotamos como modelo uma mescla de métodos desenvolvidos pelo autor Bryan Chapell em seu livro *Pregação cristocêntrica* e por Abraham Kuruvilla em *O texto primeiro*. O que propomos é um método *iconocêntrico*, em que a "imagem" (*eikon*, no grego) de Cristo formada em nós é o alvo de todo texto bíblico, à luz de 2Timóteo 3:16-17. Seja na salvação ou na santificação, toda a Escritura é inspirada por Deus para que o ser humano se pareça mais com Cristo Jesus. Nisto, Deus é glorificado, Cristo é exaltado e a imagem dele é formada em nós. Cada livro bíblico acrescenta algum aspecto da imagem de Cristo que ainda falta no coração humano. Podemos resumir o método que seguimos como identificando:

a. **A necessidade do ser humano,** ou seja, áreas em que o cristão ainda não se parece com Jesus, seja na salvação, seja na santificação. Chapell, em seu livro, chama essa necessidade de "Foco na Condição Decaída" (FCD), mas talvez seja melhor reconhecer que o ser humano redimido também precisa ser mais parecido com Jesus. Toda Escritura inspirada por Deus visa a algum aperfeiçoamento no ser humano que somente Cristo Jesus é capaz de suprir. Esse é o alvo da vida cristã (cf. Romanos 8:29; Gálatas 4:19). Basta o expositor identificar o aspecto da imagem de Cristo que o texto revela para que o homem ou mulher de Deus seja "perfeito e perfeitamente habilitado para toda boa obra" (2Timóteo 3:17), ou seja, a área que ainda carece da vida de Cristo nela (Gálatas 2:20).

b. **A provisão em Cristo,** ou seja, como a obra final de Jesus na cruz e na ressurreição manifesta-se através do texto em uma vida redimida.[13]

---

[13] Bryan CHAPELL, *Pregação cristocêntrica*, p. 43-46.

Para o descrente, a provisão primordial é a salvação pela obra final de Cristo na cruz. Para o cristão, a necessidade principal é uma vida conformada à imagem de Cristo na santificação.

Esse método visa reconhecer o lugar que cada livro bíblico tem no desenrolar da história da redenção, ao mesmo tempo que interpreta o texto com integridade e pela ótica lítero-histórico-gramatical, dentro do seu contexto e segundo o propósito e argumento do A(a)utor, conforme teria sido entendido pelos leitores originais.

No caso de Cântico, entendemos que, muito embora o livro exalte o matrimônio e a relação íntima entre homem e mulher, é muito mais que "um manual canônico do sexo".[14] O expositor/intérprete tem como tarefa mostrar como Cântico se encaixa na corrente da história da redenção. Nesse sentido, existe ampla precedência de informação bíblico-teológica. Conforme Parsons afirma:

> Lido à luz do todo o cânon — começando com Gênesis 2—3 (incluindo temas como o jardim) —, Cântico contribui muito para uma teologia da "sexualidade redimida" [...]. Reafirma a análise divina em Gênesis 1:26-31, em que toda a criação dele (inclusive o sexo) é "muito boa" [...]. O modelo pós-Queda continua oposto à homossexualidade, ao adultério e à bestialidade.[15]

A exposição cristocêntrica de Cântico não precisa desfazer as pétalas das flores no jardim de amor do casal para achar tipos de Cristo. Não deve fantasiar associações com Cristo e a igreja baseadas nos detalhes dos encontros do casal como justificativa para a pregação. Certamente podemos usar Cântico para ilustrar muitos aspectos do *tipo* de amor que Deus tem por Israel e Jesus pela igreja, mas o foco cristocêntrico e redentivo do livro deve destacar:

---

[14] Raymond DILLARD; Tremper LONGMAN III, *An Introduction to the Old Testament*, p. 265, citado em Greg W. Parsons, "Guidelines for Understanding and Utilizing the Song of Songs", p. 421.
[15] Greg W. PARSONS, "Guidelines for Understanding and Utilizing the Song of Songs", p. 421.

1. A importância que o casamento tem no plano divino da redenção (Gênesis 1:27; 2:24; Efésios 5:22-33; Apocalipse 20—22).
2. A dignidade da sexualidade humana como reflexo da intimidade da própria Trindade (Gênesis 1:27; Hebreus 13:4).
3. A distorção da *imago Dei* como resultado da Queda, e como esta afetou o casamento e os relacionamentos familiares (Gênesis 3). Desde Gênesis 3:16, o ser humano não é mais capaz de ter um casamento que reflete a plenitude da glória de Deus como antes. Por causa de Gênesis 3:16 precisamos de João 3:16.
4. A pureza sexual que faz parte do plano de Deus antes e depois do casamento (Gênesis 2:24; 1Coríntios 7:1-5; 1Tessalonicenses 4:3-8).
5. O prazer físico que Deus abençoa e usa como selo da aliança matrimonial ao longo da vida conjugal (Gênesis 2:24).
6. A redenção do próprio casamento e da sexualidade humana que somente se experimenta quando os casados encontram a redenção na obra de Cristo na cruz (Salmo 127; 1Pedro 3:1-7).
7. A possibilidade de renovação (da pureza sexual, dos votos conjugais, da amizade matrimonial) encontrada em Cristo (2Coríntios 5:17).
8. O amor de Deus demonstrado na cruz de Cristo como fundamento do lar e da reversão dos efeitos do pecado experimentados na família (Salmos 127:1; João 3:16; Romanos 5:8; 1João 4.7-8).

Essa lista é só um começo, e as lições que se seguem mostrarão outras maneiras de o ensino de Cântico não cair em moralismo, legalismo ou alegorização para expor a necessidade do coração humano e a provisão final feita por Cristo Jesus.

UMA OBSERVAÇÃO FINAL

Ecoamos as palavras de Paige Patterson, quando diz: "A mensagem sem preço desse livro precisa ser exposta nas igrejas hoje. Minha oração é que [...] pregadores em todo lugar façam o impensável: pregar todo o livro de Cântico".[16]

---

[16] Paige PATTERSON, *Song of Solomon*, p. 9.

Nossa esperança também é que mais pastores, líderes e conselheiros tenham coragem para abordar de forma sensata e relevante o livro esquecido de Cântico, disponibilizando assim sua riqueza para um mundo e uma igreja desesperadamente carentes dessas águas cristalinas. Oferecemos aqui um guia que esperamos ser útil nessa tarefa de resgatar o namoro, noivado e casamento das mãos sujas e pervertidas do mundo ao nosso redor, para a glória de Jesus.

Nas palavras de Greg Parsons, nosso desejo é que

> Essas diretrizes ajudem o jardineiro bíblico iniciante a arrancar as ervas daninhas de erros hermenêuticos e cultivar uma compreensão correta do jardim de metáforas em Cântico. Nesta era de perversão sexual e compreensões distorcidas de amor, que cada leitor encontre em Cântico o solo fértil para cultivar e celebrar casamentos frutíferos, como Deus os planejou.[17]

---

[17] Greg W. PARSONS, "Guidelines for Understanding and Utilizing the Song of Songs", p. 422.

seção 1

Panorama: o amor verdadeiro segundo Cântico

CÂNTICO DOS CÂNTICOS

1:1

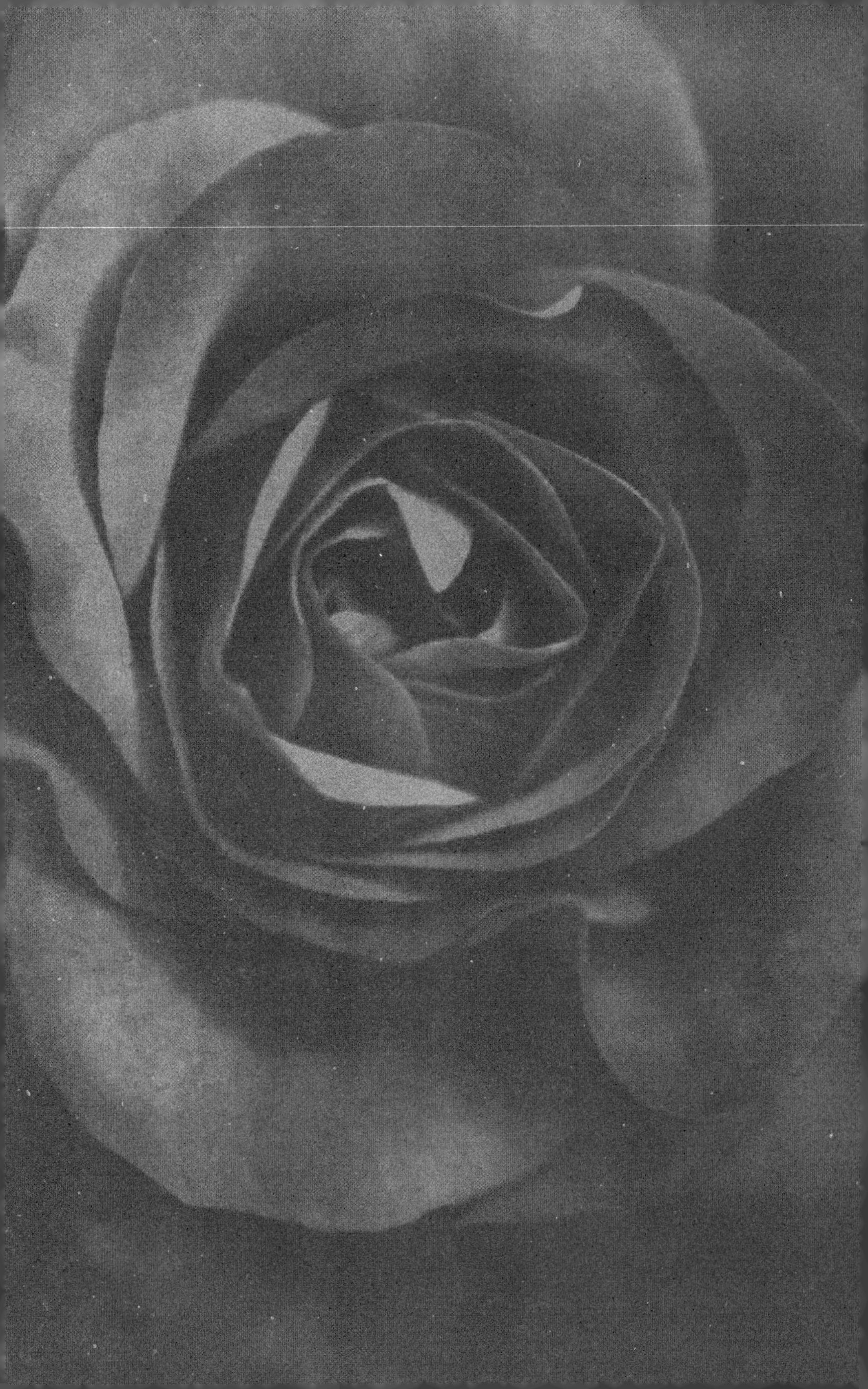

GUIA DE ESTUDO 1

INSTRUÇÕES PARA O FACILITADOR

No primeiro encontro, combine com os membros do grupo questões como horários, local do encontro, o cuidado dos filhos e outras questões logísticas. Explique como funcionarão os encontros e a importância da pontualidade e da participação de todos, respondendo às perguntas à luz do texto bíblico.

As perguntas deste guia são *sugestões* para conduzir o estudo. Modifique, acrescente ou diminua conforme a necessidade do *seu* grupo e o tempo disponível. Muitas respostas encontram-se na seção Comentário 1.

Antes de chegar à pergunta 5 de "Perguntas para Discussão", pense de antemão em possíveis gestos que o grupo poderia usar para representar cada um dos temas principais de Cântico: paciência, pureza e perseverança no amor.

▶ **Propósito do estudo**

Levar os membros do grupo a apreciar o livro de Cântico dos Cânticos e compreender sua mensagem principal.

▶ **Objetivos**

No fim do estudo, os membros do grupo devem:

- Perceber o valor do livro de Cântico e sua mensagem sobre o amor verdadeiro em meio a um mundo pervertido.
- Compreender que a mensagem do livro se resume em três palavras-chave: paciência, pureza e perseverança.
- Comprometer-se a participar fielmente dessa série de estudos.

▶ **Sugestão de dinâmica inicial**

Conte a história dos dois ladrões que se encontra na Introdução do Comentário 1. Peça ao grupo para dar exemplos de valores invertidos que encontramos no mundo hoje. Use as respostas para falar sobre a importância do estudo de Cântico.

▶ **Perguntas para discussão**

1. Leia Cântico 1:1-4. Por que deixamos o mundo falar do amor e sexo a semana toda, mas emudecemos a Deus aos domingos na igreja?
   a. Por que o estudo do Cântico dos Cânticos, o livro bíblico que mais fala sobre esses assuntos, tem sido negligenciado?
   b. Avalie esta declaração: "Estudar o Cântico dos Cânticos é como tomar banho em águas cristalinas depois de horas mergulhando em águas poluídas".

2. Entre estes propósitos do livro, qual parece mais relevante para você?
   - Estabelecer o ideal de Deus para o relacionamento conjugal.
   - Fornecer um padrão para os pais na preparação dos filhos para um possível casamento.
   - Insistir na formosura da pureza no relacionamento amoroso entre os sexos.
   - Combater os padrões profanos de sexualidade propagados pela mídia.
   - Fornecer uma ilustração do profundo e puro amor de Jesus por sua igreja.

3. Leia Cântico 1:1. Qual o problema com o título "Cântico de Salomão" à luz do que diz o versículo 1?
   a. Em que sentido esse livro pode ser considerado o melhor de todos os 1.005 cânticos que Salomão compôs (cf. 1Reis. 4:32)?

4. Releia Cântico 1:1 (facilitador, veja também 1:5; 3:7,9,11; 8:11-12 e os argumentos no comentário a favor da autoria salomônica).
   a. Quem escreveu Cântico dos Cânticos?
   b. Como Deus permitiu que o livro da Bíblia que mais exalta a beleza do amor comprometido, monogâmico e fiel fosse escrito (ou pelo menos autorizado/dedicado) pelo rei Salomão, que teve 700 esposas e mais 300 concubinas (1Reis 11:3)?

5. A mensagem do livro pode ser resumida em três palavras-chaves: paciência, pureza e perseverança. (O grupo pode criar um gesto que representa cada um desses temas.)
   - Encontramos o refrão da paciência em 2:7; 3:5 e 8:4.
   - Encontramos o refrão da pureza em 2:16; 6:3 e 7:10.
   - Encontramos a mensagem do livro no versículo-chave sobre perseverança em 8:6.

   a. De que forma o mundo hoje vende um amor falso (de impaciência, impureza e desistência), a antítese das características do amor verdadeiro?

6. Leia 4:16—5:1. Esse é o exato centro do livro de Cântico e trata da consumação dos votos conjugais na intimidade sexual, debaixo da aprovação de Deus. No texto original (hebraico), há 111 linhas antes dessa passagem e 111 linhas depois. O que isso indica sobre a mensagem do livro e a importância que Deus dá à intimidade conjugal?

7. Compartilhe a grande ideia do livro: *o verdadeiro amor reflete o amor sobrenatural de Deus quando une aqueles que se entregam ao amor em paciência, pureza e perseverança.*
   a. Até que ponto um amor assim é sobrenatural?
   b. Como pessoas falhas, inconstantes e pecadoras podem desenvolver um amor divino?

8. Aplicação: quais lições podemos extrair do livro como um todo? (Se você quiser, pode ler alguns princípios de aplicação listados no final do Comentário 1.)

PARA ORAÇÃO

Como grupo, clamem a Deus para que esta série de estudos em Cântico dos Cânticos traga desafios e refrigério dentro de uma perspectiva bíblica sobre amor, sexo e casamento. Ore pelo crescimento em amor e pelos casamentos da próxima geração.

PARA REFLEXÃO

Até que ponto é válido aplicar o livro de Cântico para o relacionamento entre Deus e Israel e/ou Cristo e a igreja? Quais cautelas devemos ter?

Como o livro de Cântico pode ser ministrado nas igrejas hoje? Pregações sequenciais do púlpito para todos? Ministério restrito para grupos específicos (classe de casais, aconselhamento pré-nupcial?) ou momentos específicos (retiros e encontros de casais)?

TAREFA FINAL

Ler o Comentário 1 antes do próximo encontro.

COMENTÁRIO 1

INTRODUÇÃO[1]

O autor Craig Glickman conta a história de dois ladrões que invadiram uma loja, mas não roubaram nada. Em vez disso, trocaram as etiquetas de preços na mercadoria da loja. No dia após a invasão, imagine o caos: uma simples bijuteria estava marcada com o preço de R$ 2.000 enquanto um relógio dourado de marca custava apenas R$ 1,99.

Quando olhamos para o mundo ao nosso redor, é essa inversão de valores que percebemos. O mundo está de ponta-cabeça, especialmente no que se trata de relacionamentos entre os sexos.[2] A confusão e o caos reinam. Papéis estão invertidos; a pureza, poluída; o caráter, corrompido. Parece que a sexualidade humana constitui uma frente de ataque estratégica na guerra entre Deus e Satanás.

Ironicamente, às vezes estranhamos (ou até nos chocamos) quando alguém ousa falar sobre amor e sexo no contexto da igreja, apesar de, a semana toda, escutarmos músicas populares que só falam de relacionamentos ilícitos, assistirmos a filmes que oferecem um cardápio cheio de adultério, homossexualidade e sexo fora do casamento, e ouvirmos piadas no trabalho ou na escola que barateiam e zombam daquilo que Deus santificou. Em todo momento, bebemos de fontes poluídas nas quais a perspectiva bíblica e sadia da sexualidade humana é pervertida e distorcida. Precisamos lembrar que "O amor romântico verdadeiro não é invenção nem propriedade de Hollywood, mas dádiva e criação de Deus".[3]

Que pena alguns tentarem emudecer o próprio Deus na questão da intimidade conjugal. Foi Deus quem inventou o amor romântico, não o Diabo! A Bíblia começa e termina falando de casamento, que é a maior e

---

[1] As exposições que seguem foram grandemente influenciadas pelo nosso amigo e saudoso colega Dr. Carlos Osvaldo Pinto, em duas fontes principais: *Guia literário do Antigo Testamento* e *Cântico: o amor verdadeiro*. Além dessas fontes, faço menção a mensagens pregadas por ele na capela do Seminário Bíblico Palavra da Vida, Atibaia, SP em maio e junho de 2010.

[2] S. Craig GLICKMAN, *Solomon's Song of Love*, p. 33-34.

[3] Idem, p. 127.

mais bela ilustração do amor de Deus para seu povo e do amor que Deus vivencia na Trindade. Uma das metáforas favoritas para o relacionamento entre Deus e seu povo é o relacionamento entre marido e esposa.[4] Deere ressalta a importância de um livro como Cântico no cânon bíblico:

> O propósito do livro é exaltar o amor humano e o casamento. Embora no início talvez pareça estranho, após reflexão não é surpreendente que Deus incluiu no cânon bíblico um livro homologando a beleza e a pureza do amor matrimonial. Deus criou homem e mulher (Gênesis 1:27; 2:20-23) e estabeleceu e consagrou o casamento (Gênesis 2:24). Pelo fato de o mundo encarar o sexo de forma promíscua e pervertida, e explorá-lo de maneira tão persistente, e pelo fato de tantos casamentos se desfazerem por falta de amor, compromisso e devoção, é vantajoso ter um livro na Bíblia que dá o aval de Deus sobre o amor matrimonial, considerando-o saudável e puro.[5]

Deus fala e não gagueja quando trata desse assunto. E temos de falar! Temos de mostrar para nossos jovens (e para nós mesmos) que o amor romântico que une um homem e uma mulher durante a vida é belo, puro e abençoado por Deus; que Deus tem um plano para o matrimônio; que Ele é glorificado pelo casal que conduz seu relacionamento conforme a vontade dele!

Estudar Cântico dos Cânticos é como tomar banho em águas cristalinas depois de horas mergulhando em águas poluídas.

> Num mundo inundado com os detritos de lares desfeitos, espíritos esmagados e sonhos fraturados, o povo de Deus precisa da mensagem de Cântico dos Cânticos como nunca antes. Cântico é um antídoto à sociedade libertina que prostituiu a natureza sagrada do amor humano. Esperança emana de suas páginas.[6]

---

[4] Cf. Isaías 54:5-6; Jeremias 2:2; Ezequiel 16, 23; Oseias 2:19-20; 1Coríntios 11:2-3; Efésios 5:23-25; Apocalipse 19:7-9, 21:9.
[5] Jack S. DEERE, "Song of Songs", p. 1009-1010.
[6] Paige PATTERSON, *Song of Solomon*, p. 9.

Temos de beber dessa fonte pura e bíblica para entender o quanto as águas do mundo são turvas.

De todos os livros do cânon bíblico, Deus reservou um inteiro para tratar de amor romântico e sexualidade humana dentro do seu plano (assim como designou um livro, Provérbios, para tratar da questão da educação dos filhos!).

> Não deve ser considerado obsceno o fato de que pelo menos um livro da Bíblia é dedicado à celebração de uma das realidades centrais de nossa existência como criaturas. "Cântico realmente celebra a dignidade e a pureza do amor humano. Esse é um fato que nem sempre é suficientemente enfatizado. Cântico, portanto, é didático e moral em seu propósito. Chega até nós neste mundo de pecado, em que cobiça e paixão estão por todos os lados, em que tentações ferozes nos assolam e tentam nos desviar do padrão divino para o casamento. E nos lembra, de forma especialmente linda, como puro e nobre é o amor verdadeiro".[7]

O campo de batalha da sexualidade humana precisa ser reconhecido e enfrentado como realmente é: um ponto de ataque estratégico na guerra entre Deus e Satanás.

O livro de Cântico acaba sendo o comentário divino sobre a primeira instituição divina, o casamento, e sobre os textos fundamentais de Gênesis 1:27 e 2:24. Como observam Fee e Stuart, "Esse poema deve ser lido à luz de Gênesis 1 e 2".[8] A bênção de Deus recai sobre o matrimônio não por ter ele um fim em si, mas por ser a expressão máxima divina para ilustrar a glória do relacionamento interno entre as Pessoas da Trindade e por refletir o amor divino para com seu povo — primeiro Israel, depois a igreja.

À luz do ensino bíblico, somente as águas puras da fonte divina satisfazem o coração humano. A alma sedenta por satisfação sexual

---
[7] E. J. Young, *Introduction to the Old Testament*, p. 354, citado em J. Paul TANNER, "The History of Interpretation of the Song of Songs", p. 35-36.
[8] Gordon FEE; Douglas STUART, *Como ler a Bíblia livro por livro*, p. 193.

fora dos parâmetros divinos só encontra frustração, como uma pessoa que procura saciar sua sede bebendo a água salgada do mar. No fim, só faz mal a si mesma e nunca se satisfaz.[9]

Ao iniciarmos uma série de estudos sobre o Cântico dos Cânticos, cabe uma palavra pastoral sobre sua mensagem e exposição. Talvez alguns estejam pensando: "Mas eu achei que Cântico era só para os casados", ou "Não sou casado e acho que esse livro não tem nada a ver comigo". Como descobriremos, o ministério de todo o desígnio de Deus tem aplicações diretas e indiretas com implicações para todos. Para ilustrar, listamos algumas áreas em que o livro toca a vida do cristão:

- Estabelece o ideal de Deus para o relacionamento conjugal.
- Fornece um padrão para os pais na preparação dos filhos para um possível casamento.
- Insiste na formosura da pureza no relacionamento amoroso entre os sexos.
- Combate os padrões profanos de sexualidade propagados pela mídia.
- Fornece uma ilustração do profundo e puro amor de Jesus por sua igreja.

Antes de traçarmos os grandes movimentos no enredo desse cântico matrimonial, precisamos tratar do livro como um todo, começando com seu título e o primeiro versículo. Também há muitas questões difíceis de interpretação a serem tratadas antes de trabalhar o texto em si.

I. O TÍTULO (1:1a)

O nome do livro em hebraico é "Cântico dos Cânticos".[10] Infelizmente, a tradução "Cântico de Salomão" em português sugere uma coleção

---

[9] S. Craig GLICKMAN, *Solomon's Song of Love*, p. 118.
[10] שִׁיר הַשִּׁירִים (*shir hashirim*). A Vulgata deu o nome latino *Canticum Canticorum*, "Cântico dos cânticos".

de cânticos, enquanto o hebraico enfatiza um único cântico, o melhor de todos que o autor havia composto, ou talvez o melhor de todos os cânticos. A ideia da frase original é de um cântico acima de todos os outros, o cântico *par excellence*. Expressões bíblicas semelhantes têm o mesmo sentido: "Santo dos santos" (Êxodo 26:33ss; 29:37), "Rei dos reis" e "Senhor dos senhores" (Apocalipse 17:14; 19:16).

Surge a pergunta: se Salomão compôs 1.005 cânticos, o que faz com que esse seja O Cântico dos Cânticos? Pelo menos dois outros cânticos salomônicos (salmos 72 e 127) e talvez um terceiro (salmo 45) foram incluídos no cânon bíblico. E o que faz esse cântico ser excepcional? A resposta se encontra no fato de que é singular entre todos os outros, uma melodia única entre os livros da Bíblia, que expressa a beleza do amor conjugal e que, por analogia, sugere a doçura e a intimidade do amor de Cristo pelo seu povo.

Aplicação

O próprio título sugere a importância que Deus dá ao casamento e à beleza da intimidade entre dois que se tornam um (Gênesis 2:24). Precisamos exaltar o ideal divino para o relacionamento entre os sexos, inclusive ministrando a graça de Deus para aqueles que falharam em termos desse ideal.

Uma grande porcentagem das músicas populares ao longo dos séculos tenta "poetizar" os profundos sentimentos associados ao amor romântico. O mundo tenta desesperadamente alcançar esse ideal, mas sempre falha. A música popular, mesmo sem querer, reflete essa frustração. É só escutar as seleções do rádio para ouvir uma música que fala do "amor eterno" e, logo em seguida, outra que trata da amargura de um relacionamento que foi eterno somente enquanto durou.

II. O AUTOR (1:1b)

Há muito debate sobre a autoria do livro, mesmo que o primeiro versículo pareça identificar Salomão como o autor. Acontece que a frase "*de* Salomão" ("Cântico dos Cânticos, *de* Salomão") traduz uma preposição hebraica que admite outras interpretações, inclusive "para

Salomão" ou "em benefício de Salomão".[11] Por isso, muitos estudiosos consideram o livro anônimo.

> O sobrescrito (1:1) é bastante ambíguo no hebraico, já que a preposição *l*ᵉ pode tanto ser possessiva (como na NVI) quanto uma forma de dedicação a Salomão como aquele que originariamente comissionou o Cântico para um dos seus casamentos — mas com a intenção de que ele pudesse encorajar o amor puro em qualquer outro casamento.[12]

Mesmo sendo possível que Cântico tenha sido comissionado por ou dedicado a Salomão, as evidências do próprio livro apontam fortemente em direção à autoria salomônica. Carlos Osvaldo Pinto a defende com os seguintes argumentos:

1. Embora seja possível entender a preposição "de" como "para", como se o livro fosse dedicado a Salomão, é mais provável que "de" (como autoria) seja o significado.
2. Salomão é mencionado várias vezes no livro: 1:1,5; 3:7,9,11; 8:11-12.
3. Há várias referências ao "rei" (1:4,12; 3.9,11; 7:5) e à carruagem esplêndida (real?) com atendentes valentes (3:7-10).
4. Salomão compôs 1.005 cânticos (1Reis 4:32); somente três constam no cânon bíblico.
5. O conteúdo do livro revela um estilo de vida opulento numa época de tranquilidade, o que é coerente com o que sabemos da era áurea de Salomão (Cântico 3:7-10).
6. O autor revela conhecimento amplo da flora e fauna de Canaã, tal qual era o conhecimento de Salomão (cf. 1Reis 4:33).[13]

---

[11] המלך של אשר: (*asher lishlomôh*).
[12] Gordon FEE; Douglas STUART, *Como ler a Bíblia livro por livro*, p. 192.
[13] Note que o livro faz referência a 21 espécies de plantas e 15 animais, o que está de acordo com o que sabemos sobre Salomão.

7. A geografia da Palestina, do extremo norte ao extremo sul, é bem conhecida pelo autor, o que também é coerente com o que se espera do governante da terra.
8. Os argumentos linguísticos contra a autoria salomônica são tênues na melhor das hipóteses (a influência de idiomas estrangeiros em Israel, por exemplo, era comum).[14]

Salomão foi o terceiro rei de Israel e reinou de 971 a 931 a.C. Sua habilidade literária era sem igual — além dos 1.005 cânticos, ele escreveu 3 mil provérbios (1Reis 4:32) —, e a poesia de Cântico atesta uma capacidade extraordinária de redação.[15]

Neste primeiro versículo enfrentamos um dos maiores desafios de interpretação do livro. Presumindo a autoria salomônica, resta uma dúvida: como pôde Salomão, homem promíscuo, que se gabava de possuir 700 esposas-rainhas e, se não fossem suficientes, mais 300 concubinas (1Reis 11:3), escrever um livro exaltando o ideal divino monogâmico? Embora a pergunta toque em outras questões hermenêuticas que serão consideradas depois, bastam aqui algumas reflexões.

Primeiro, a escolha de Salomão como autor do livro pode bem seguir os parâmetros de autoria do livro de Eclesiastes. Salomão foi o homem mais qualificado para responder à pergunta "O que realmente tem significado nesta vida?" pelo fato de ele, acima de todos os que vieram antes ou depois dele, ter condições de afirmar o que não possuía significado verdadeiro. De forma análoga, o homem que havia experimentado o "amor" de mil mulheres teria condições de afirmar o que não satisfaz num relacionamento amoroso e o que realmente tem significado. Deus comissionou um homem que havia experimentado os dois lados do "amor" — a fidelidade monogâmica singular e a promiscuidade barata — a escrever um livro exaltando um em detrimento do outro.[16]

---

[14] Carlos Osvaldo PINTO, *Foco e desenvolvimento*, p. 577.
[15] Jack S. DEERE, "Song of Songs", p. 1010.
[16] S. Craig GLICKMAN, *Solomon's Song of Love*, p. 179.

Segundo, alguns sugerem outras explicações que defendem a autoria salomônica, apesar da aparente contradição com a vida promíscua de Salomão:[17]

1. O livro poderia ter sido escrito cedo na vida de Salomão, antes que seu coração se desviasse para outras mulheres (6:8 menciona 60 rainhas e 80 concubinas no momento que o livro foi escrito; veja a seguir uma possível explicação para este versículo).
2. A Sulamita poderia ter sido a primeira esposa e o único amor verdadeiro de sua vida; é possível que ela tenha morrido e que Salomão gastou o resto da vida procurando o amor que experimentara com ela.
3. Salomão e sua promiscuidade serviam de contraste com o amor fiel da Sulamita, a verdadeira heroína no livro.
4. Alguns afirmam que Cântico é simplesmente uma poesia romântica descrevendo o ideal romântico, não necessariamente a própria experiência do autor, assim como músicas contemporâneas sobre romance, amor, casamento e divórcio não necessariamente refletem a experiência do compositor.
5. O harém descrito em 6:8 pode ter sido do pai dele, que ficou no palácio depois da sua morte (cf. 1Reis 11:3).
6. As 60 rainhas (6:8) poderiam ter sido as esposas dos 60 homens valentes que o acompanharam como padrinhos na procissão matrimonial (3:7).

Aplicação

Apesar de nossas falhas, frustrações e fracassos românticos, a graça de Deus e o ideal de Deus continuam intactos. Somente pela sua infinita graça é que podemos recomeçar quando erramos. Somente pelo seu poder é que podemos perseverar na fidelidade conjugal "até que a morte nos separe". Graças a Deus, a misericórdia dele — seu

---

[17] Veja S. Craig GLICKMAN, *Solomon's Song of Love*, p. 179ss para mais explicação sobre essas sugestões.

amor fiel — renova-se cada manhã (Lamentações 3:22-23). Graças a Deus por Jesus viver o amor fiel em e por meio de nós, capacitando-nos a ser espelhos vivos do seu amor para com a igreja (cf. Gálatas 2:20; Efésios 5:32-33).

III. PANORAMA DO LIVRO

Para apreciarmos o livro e sua mensagem, e antes de mergulhar em sua exposição, será proveitoso examinar alguns fatos interessantes e traçar o desenvolvimento e a mensagem do livro como um todo.

A. *Fatos interessantes*

- O livro tem somente 117 versículos e 2021 palavras na língua original, o hebraico. São usadas 470 termos diferentes, desses, 47 aparecem somente em Cântico.[18]
- O nome de Deus é mencionado somente uma vez (dependendo de como entendemos 8:6; veja comentário a seguir). O livro não fala do culto em Israel, e não faz alusão a qualquer outro livro do Antigo Testamento. Cântico omite de seu vocabulário quase todas as principais palavras do culto.[19]
- O livro faz parte da terceira divisão da Bíblia Hebraica, os "Escritos" (*Kethubim*), que incluem Daniel, 1 e 2Crônicas, Esdras, Neemias, os livros poéticos de Jó, Salmos e Provérbios, e os cinco rolos conhecidos como *Megilloth* (Rute, Lamentações, Eclesiastes e Ester), lidos pública e particularmente nas festas de Israel.
- Foi um dos *antilegomena*, ou seja, os escritos que não foram aceitos no cânon bíblico durante muito tempo. No caso de Cântico, a dúvida era justificada pela suposta ausência do nome de Deus, como ocorreu com o livro de Ester, e talvez pelo tema

---

[18] G. Lloyd CARR, *The Song of Solomon*, p. 41. Das palavras que aparecem em outros livros do AT, 51 ocorrem 5 vezes ou menos; 45 entre 6 a 10 vezes; e 27 entre 11 a 20 vezes, restando apenas 300 palavras comuns ao restante do AT.

[19] G. Lloyd CARR, *The Song of Solomon*, p. 43.

delicado e constrangedor que o livro aborda. Além disso, não há uma citação clara do texto no Novo Testamento.[20]
- A identificação do orador é normalmente feita pelos pronomes pessoais usados no texto original. Para identificar se é Salomão, a Sulamita ou as filhas de Jerusalém que falam ao longo do livro, é necessário verificar no texto original o gênero dos pronomes pessoais. Às vezes, algumas versões ignoram esses gêneros e fazem identificações equivocadas.
- Doze vezes o amado, Salomão, declara que a amada é formosa.
- A mulher chama o homem 31 vezes de "meu amado".
- O livro faz referência a 21 espécies de plantas, a 15 espécies de animais e a 15 lugares geográficos que vão do Líbano, no norte, até o Egito, no sul.[21]
- Em nenhum lugar o livro relaciona sexo à gravidez, algo que seria de se esperar se a reprodução fosse o principal propósito divino para a intimidade conjugal.

B. Estrutura

Há muito debate sobre a estrutura (ou, para alguns, a aparente falta de estrutura) do livro. Mesmo entre os que encaram Cântico como uma coleção de poesias românticas existe a perspectiva de que foi feito um arranjo muito cuidadoso dos poemas.[22] Esse fato se demonstra pela repetição de refrãos ao longo do livro. Gordon H. Johnston aponta várias repetições que evidenciam uma edição final orquestrada e detalhada do livro:[23]

- Refrão da paciência ("Não despertarão nem acordarão o amor, até que este o queira"): 2:7; 3:5, 8:4.

---

[20] Greg W. PARSONS, "Guidelines for Understanding and Utilizing the Song of Songs", p. 399.
[21] Bruce WILKINSON; Kenneth BOA, *Talk Thru the Bible*, p. 177-178.
[22] G. Lloyd CARR, "Song of Solomon", p. 291.
[23] Adaptado de Gordon H. JOHNSTON, "The Enigmatic Genre and Structure of the Song of Songs, Part 2", p. 178-180.

- Refrão da posse mútua ("O meu amado é meu, e sou do meu amado"): 2:16; 6:3; 7:10.
- Refrão do abraço ("A sua mão esquerda está [esteja] debaixo da minha cabeça, e a direita me abraça [abrace]): 2:6; 8:3.
- Refrão de interrogação ("O que é aquilo que vem subindo do deserto?"): 3:6; 8:5.
- Refrão de admiração ("Como você é bela"): 1:15; 4.1; compare com 6:4.
- Refrão das gazelas: 2:17; 8:14.

Muitos intérpretes destacam uma estrutura quiástica no livro (A — B — C — B' — A'), segundo a qual tudo gira em torno do elemento central: o casamento e sua consumação nas núpcias (3:6—5.1). Quiasmo é uma figura de linguagem que deriva da letra grega *chi* (χ), um X, na qual os elementos são expressos de forma sequencial até o ponto central, depois, são repetidos, mas em ordem inversa, até o final da obra.[24] Com essa disposição em forma de X, a ênfase recai sobre o elemento central.

Há evidências de que Cântico tenha estrutura quiástica. A ênfase está na união sexual do casal, que ressalta a mensagem de que "a sexualidade humana é uma dádiva de Deus que deve ser celebrada e desfrutada".[25] Mas há dificuldade em enxergar uma estrutura totalmente simétrica e quiástica no livro, evidenciada pela falta de concordância entre aqueles que assim interpretam o livro.[26]

Carr observa que o texto da consumação (4:16—5:1) encontra-se no exato centro do texto original, com 111 linhas antes dessa passagem (60 versículos mais o título; 1:2—4:15), e 111 linhas depois (55 versículos; 5:2—8:14).[27]

---

[24] G. Lloyd CARR, "Song of Solomon", p. 291.
[25] Idem, p. 293.
[26] Gordon H. JOHNSTON, "The Enigmatic Genre and Structure of the Song of Songs, Part 2", p. 170ss.
[27] G. Lloyd CARR, *The Song of Solomon*, p. 127.

A existência de uma estrutura quiástica culminando em um elemento central não elimina a possibilidade de um desenvolvimento linear no livro, guiado por uma "linha melódica" que inclui alguns *flashbacks,* ou seja, recordações de momentos passados.

O livro pode ser descrito como uma montagem de "fotos" no álbum da história do amor do casal.[28] Assim como acontece quando se vê um álbum de fotos, a qualquer momento o casal poderia avançar ou retroceder para rever fotos e experiências.

Embora a abordagem cíclica do livro tenha algumas vantagens, em termos gerais, ela não elimina os elementos de progressão linear na estrutura poética do livro. Neste comentário, seguimos a abordagem do desenvolvimento linear do livro.

C. Versículo(s)-chave

Alguns candidatos a versículo-chave incluem:

- 2:7: "Filhas de Jerusalém, jurem pelas gazelas e pelas corças selvagens que vocês não acordarão nem despertarão o amor, até que este o queira" (cf. 3:5; 8:4).
- 2:16a: "O meu amado é meu, e eu sou dele; ele apascenta o seu rebanho entre os lírios" (cf. 6:3, 7:10).
- 8.7: "As muitas águas não poderiam apagar o amor, nem os rios, afogá-lo. Ainda que alguém oferecesse todos os bens da sua casa para comprar o amor, receberia em troca apenas desprezo".

Juntos, esses três textos resumem os temas principais do livro: a paciência do amor, a pureza do amor e a perseverança do amor. Os primeiros dois são refrãos repetidos exatamente três vezes ao longo do livro, mas o último versículo aparece no desfecho (clímax) e parece resumir melhor a mensagem do livro como um todo.

---

[28] S. Craig GLICKMAN, *Solomon's Song of Love,* p. 29.

D. Propósito e mensagem[29]

A compreensão da mensagem central do livro e do seu propósito tem sido resumida por muitos. Por exemplo, Parsons declara que o propósito do livro é "Celebrar a beleza de amor virtuoso entre homem e mulher".[30]

Fee e Stuart identificam a função do livro no cânon bíblico assim: "Cântico dos Cânticos entra na história bíblica como um lembrete de que o amor sexual que o Senhor criou é bom, e deve ser abraçado em fidelidade e deleite dentro da vontade de Deus".[31]

Carlos Osvaldo Pinto declara que o propósito de Cântico é: "Exaltar o valor do amor conjugal como uma preciosa dádiva divina que deve ser obtida em pureza e preservada com perseverança".[32]

S. Craig Glickman entende a mensagem central do livro como: "O amor não pode ser comprado, mas pode ser dado por Deus por providência (8:8-9) trabalhando com responsabilidade pessoal (8:10) que culmina na entrega mútua dos cônjuges (8:11-12)".[33]

Para nossos propósitos, vamos adotar a seguinte declaração da mensagem central do livro de Cântico:[34]

CONCLUSÃO

Quando entendemos a importância que o casamento tem no plano de Deus para a humanidade, quando reconhecemos seu papel como reflexo do relacionamento interpessoal da própria Trindade, quando

---

[29] Alguns têm questionado a unidade do livro pela mão de um único autor. Alguns argumentos em prol da unidade do livro incluem: a) o título aponta a um único cântico, não uma antologia (coleção) de cânticos; b) as mesmas personagens aparecem em todo o livro; c) refrãos são repetidos ao longo do livro (por exemplo, 2:7; 3:5; 8:4); d) a estrutura defende um autor (ou editor) único (progressão lógica com assunto central, revelando crescimento da intimidade entre os amantes. Veja Carlos Osvaldo PINTO, *Foco e desenvolvimento*, p. 578); e) Muitos têm reconhecido uma estrutura quiástica no livro (veja J. Paul TANNER, "The History of Interpretation of the Song of Songs", p. 153); f) Há *inclúsio* que une o início e o fim do livro, que fala da vinha, dos irmãos e do trabalho da Sulamita nela.

[30] Greg W. PARSONS, "Guidelines for Understanding and Utilizing the Song of Songs", p. 412.

[31] Gordon FEE; Douglas STUART, *Como ler a Bíblia livro por livro*, p. 196.

[32] Carlos Osvaldo PINTO, *Foco e desenvolvimento*, p. 581.

[33] S. Craig GLICKMAN, *Solomon's Song of Love*, p. 186.

[34] Adaptado de Carlos Osvaldo PINTO, *Foco e desenvolvimento*, p. 585.

apreciamos o fato de que serve como espelho do amor divino por seu povo, então entendemos por que o livro de Cântico foi incluído no cânon bíblico.

O casamento nunca deve ser um fim em si. Sua importância vem por tabela, assim como a lua não tem luz própria, mas serve para refletir a luz do sol. Cântico nos lembra que o casamento que agrada a Deus se constrói sobre o alicerce da aliança (compromisso mútuo), desenvolve-se com paciência, pureza e perseverança, desfruta de romance, paixão e intimidade, e supera os obstáculos de conflitos causados pelo egoísmo da natureza humana.

Seria impossível ouvir a mensagem do Cântico e não pensar no amor de Jesus por sua igreja. O apóstolo Paulo usa esse relacionamento entre Cristo, o noivo e a Igreja, sua noiva, para desafiar maridos e mulheres sobre suas respectivas missões no núcleo familiar (Efésios 5:22-33; Colossenses 3:18-19). O papel exigido do marido é especialmente marcante à luz do livro de Cântico, pois ele é chamado para amar a esposa da mesma maneira como Cristo amou a igreja, entregando-se por ela, purificando-a, protegendo-a e pastoreando-a. Todas essas tarefas vemos também exemplificadas no livro de Cântico.

Quando refletimos na mensagem da Bíblia, reconhecemos que a graça de Deus pode restaurar o que foi perdido na Queda. Para aqueles que já erraram, ainda há esperança de renovação de pureza e de votos. Deus é o único capaz de reparar os danos feitos pelo pecado no jardim do amor, e Ele faz isso pela obra final de Cristo na cruz.

O que concluímos, então, é que sem Jesus nada podemos fazer (João 15:5)! Ele quer construir nossos lares, baseado em sua presença, seu poder e sua Palavra.

APLICAÇÃO FINAL

1. O amor conjugal é, acima de tudo, um dom de Deus, ordenado por Deus, abençoado por Ele, que reflete seu ser e é precioso aos seus olhos (Gênesis 1:28; Hebreus 13:4).
2. O relacionamento entre marido e mulher deve ser íntimo, paciente, perseverante, puro e fiel, assim como a aliança entre Deus e seu povo.

3. O verdadeiro amor manifesta-se em desejo físico, emoção forte e pensamento puro.
4. A sexualidade humana, na hora certa e com a pessoa certa, é abençoada por Deus (Gênesis 1:28; Hebreus 13:4).
5. O amor manifesta-se em palavras e ações.
6. Conflitos são comuns depois da Queda e devem ser tratados com paciência, perdão e rapidez (Efésios 4:26), voltando ao primeiro amor (Cântico 6:4ss) e com manifestações de carinho, tanto verbais como físicas (Cântico 7:1ss).
7. O esposo tem papel estratégico de elogiar (honesta e publicamente) a esposa (2:4), protegê-la (2:3; 3:8) e acalmá-la com paciência e afeto (4:8ss) dando-lhe segurança (7:10).
8. O papel da esposa é de responder apropriadamente aos avanços amorosos do esposo, elogiá-lo (honestamente) e completá-lo (note: Sulamita é o complemento feminino de Salomão na língua hebraica).

> **GRANDE IDEIA**
> *O verdadeiro amor reflete o amor sobrenatural de Deus quando une aqueles que se entregam ao amor em paciência, pureza e perseverança.*

seção 2

A expectativa do amor: despertamento

CÂNTICO DOS CÂNTICOS
1:2-11

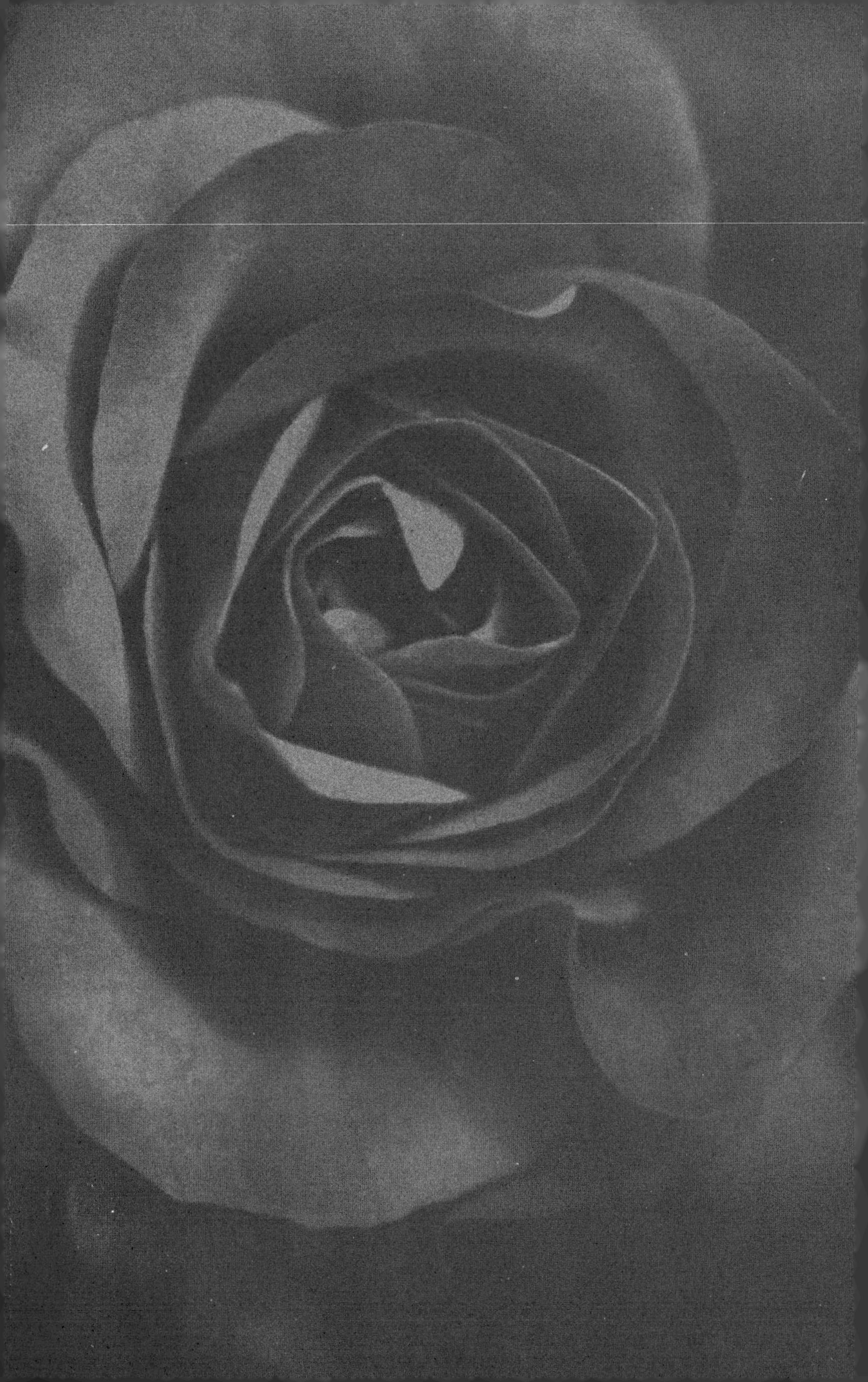

GUIA DE ESTUDO 2

▶ **Instruções para o facilitador**

Se tiver acesso a um álbum de fotografias de casamento, use-o para ilustrar a natureza da poesia lírica de Cântico, que conta a história romântica de um casal.

Embora o texto de Cântico 1:2-11 trate de um casal ainda não casado, há princípios e lições aplicáveis para todos os casais. Levanta questões de interferência por parte de terceiros no relacionamento, criando insegurança e ciúmes. Também podemos aprender sobre a importância da apreciação mútua e das afirmações verbais sobre a beleza (aos olhos de quem ama) e nobreza (de caráter). Em tudo isso, o relacionamento passa por etapas normais que o levam a amadurecer.

▶ **Propósito do estudo**

Levar os membros do grupo a entender como o amor verdadeiro cresce, apesar da interferência de terceiros, com paciência, segurança e afirmações de amor.

▶ **Objetivo**

No fim do estudo, os membros do grupo devem:

- Entender a importância da apreciação mútua tanto da beleza exterior como da nobreza de caráter interior em relacionamentos duradouros.
- Identificar possíveis "terceiros" que interferem e atrapalham o relacionamento conjugal, junto com medidas práticas para proteger o relacionamento a dois.
- Desenvolver o hábito de verbalizar seu amor pelo cônjuge.

▶ **Sugestão de dinâmica inicial**

Mostre o álbum de fotografias de casamento para explicar a diferença entre uma história contada em fotos e um vídeo. Explique como Cântico é a história de amor do casal Salomão e Sulamita em forma de fotos selecionadas, e não de um filme contínuo. Por isso, temos de ler as entrelinhas para acompanhar a progressão da história.

A história de amor contada no livro é do tipo da Cinderela, que pode servir como ilustração de alguns eventos no livro.

▶ **Perguntas para discussão**

1. O amor romântico passa por fases de amadurecimento. Procure listar algumas das fases comuns nos relacionamentos.
   a. Leia Cântico 1:1-11. Quais são algumas fases que o casal de Cântico já está passando no início do livro?

2. Podemos dizer que existe paciência *para* o amor e paciência *no* amor. À luz de Cântico, devemos esperar o momento certo para Deus despertar o amor. Como diz o ditado: "É melhor ser solteiro que quer ser casado, do que ser casado e querer ser solteiro".
   a. Avalie a declaração "O tempo é nosso maior aliado em relacionamentos duradouros".

3. O que podemos concluir sobre o lugar de paixão e atração entre o casal ainda não casado? É correto? Deus é contra a atração mútua? Como lidar com essa realidade e ainda manter puro o relacionamento? Leia 1Tessalonicenses 4:3-8.

4. Quais evidências de apreço mútuo tanto pela *beleza* exterior como pela *nobreza* de caráter encontramos no texto de 1:2-11?
   a. Porque os dois elementos (atração física e apreciação pelo caráter) são importantes no relacionamento romântico?

5. Focando nos versos 4b e 8, quais são as evidências de que terceiros interferem no relacionamento do casal?
   a. Que tipo de "terceiros" costumam interferir no relacionamento conjugal?
   b. Como o casal pode proteger a integridade e a saúde do seu relacionamento?

6. Leia Cântico 1:5-7.
   a. Por que a Sulamita (noiva) sentia-se insegura? Tente imaginar a situação dela como camponesa, longe do seu lar, no palácio, cercada por damas da corte, e afastada do amado da sua alma. (Aqui encontramos vários elementos da "Cinderela" na história!)
   b. Quais inseguranças podem abalar o relacionamento de um casal? Como a insegurança atrapalha os relacionamentos?
   c. Quais medidas bíblicas resolvem questões de insegurança?

7. Como a Sulamita tomou cuidado com seu testemunho diante de outros (v. 7)? (A frase "para que eu não ande vagando junto ao rebanho dos seus companheiros" literalmente quer dizer que a Sulamita não quer ser uma "mulher velada", ou seja, uma "prostituta".)
   a. Como o casal pode proteger seu testemunho hoje? Como as pessoas se expõem desnecessariamente nas mídias sociais?

8. Não há consenso quanto a quem fala no versículo 8. Pode ser o próprio Salomão, em tom de brincadeira, desafiando a noiva a encontrá-lo, como se fosse um jogo de esconde-esconde. Mas a frase "a mais bela das mulheres", usada somente duas outras vezes no livro, e em ambas as ocasiões pelas mulheres da corte (cf. 5:9; 6:1), dá a entender que são elas que provocam a camponesa, desafiando-a a fazer exatamente o que ela não queria fazer (cf. v. 7): sair como "mulher da noite" à procura do amado.
   a. Nessa altura, o noivo fala. Leia as palavras de Salomão para a Sulamita (v. 9-10). Como ele acalma a insegurança dela?
   b. O que podemos aprender sobre a importância de elogios mútuos no relacionamento a dois? Quais são os perigos disso? Por que é importante verbalizar nossa apreciação pela beleza e pela nobreza de caráter do amado?
   c. Em que sentido elogios genuínos diferem de bajulação ou tentativas de inflar o ego?

9. Note o retorno da primeira pessoa plural ("nós") no v. 11, que provavelmente se refere às mulheres da corte que antes eram "do

contra". O que mudou depois que Salomão declarou seu amor abertamente pela Sulamita?

a. Como o amor claro de um pelo outro pode afastar concorrentes no relacionamento a dois?

10. De que forma a identidade construída a partir de nossa posição em Cristo Jesus afasta ciúmes, insegurança e instabilidade no relacionamento?

11. Reflita na grande ideia desse texto: *O amor verdadeiro cresce, apesar da interferência de terceiros, com paciência, segurança e afirmações de amor.*

b. Quais seriam as aplicações práticas dessa ideia para o relacionamento?

► **Para oração**

Se algum casal do grupo tem filhos namorando ou em idade de namorar, orem pela paciência e pureza deles. Também orem pelos outros filhos, que sejam bem orientados e preparados para desenvolverem relacionamentos saudáveis que glorificam a Deus. Orem por segurança e confiança em seus casamentos.

► **Para reflexão**

Que tipo de interferência um casal de namorados ou noivos geralmente sofre e ameaça o relacionamento? Até que ponto essas interferências podem advertir sobre possíveis perigos? Quais interferências podem complicar o relacionamento de casais casados?

► **Tarefa final**

Ler o Comentário 2 antes do próximo encontro.

COMENTÁRIO 2

INTRODUÇÃO

O advento de diversas formas de mídia social transformou a vida de muita gente em um livro aberto. Seja pelos *selfies* no Instagram, seja pelos álbuns de fotos no Facebook, não é difícil traçar os eventos principais (e também os não tão principais!) de uma pessoa.

Nos dias de Salomão e da Sulamita — as personagens principais no livro de Cântico — não existiam álbuns de fotos, muito menos internet. O livro, no entanto, serve a um propósito semelhante. Cântico dos Cânticos se assemelha a um álbum de fotos que capta os momentos principais no relacionamento de dois apaixonados, prontos para se casar. Depois, mostra os eventos que os levam às núpcias e traça o primeiro conflito sério entre o casal, seguindo até sua resolução. Encontramos uma série de "fotos" que revelam uma linda história de amor, mesmo que faltem alguns detalhes.

O livro abre com uma cena que oferece várias lições sobre a importância da paciência no desenvolvimento de relações duradouras. Encontramos no início do livro a diversidade de emoções tão comum entre pessoas apaixonadas, o interesse mútuo, a insegurança, a interferência de terceiros e finalmente o investimento que leva à resolução das pequenas "crises" que ameaçam o casal.

O livro utiliza a metáfora do jardim para descrever o amadurecimento do amor, que nunca é da noite para o dia. Também vemos que um relacionamento saudável cresce em meio a ventos adversos, que fazem as raízes do amor se aprofundar no solo da confiança mútua. Tudo depende de que tipo de árvore o casal quer plantar no jardim: um carvalho, capaz de resistir às tempestades inevitáveis da vida, ou um pé de mamão, que cresce rápido, mas que se desarraiga com facilidade.

Ainda que o namoro como o conhecemos tenha surgido nos últimos cem anos, facilmente nos identificamos com as experiências e os sentimentos do casal no texto bíblico. Tudo faz parte de um processo que envolve tempo e paciência, mesmo em meio a grande expectativa.

Como alguns têm dito: "O tempo é nosso maior aliado em relacionamentos duradouros".[1]

O Cântico é uma história tipo Cinderela: a amada (Sulamita) encontrava-se numa família disfuncional com meios-irmãos severos e talvez autoritários; um pai aparentemente distante, ausente ou falecido; em um emprego sem futuro; em um lugar escondido no norte de Israel, uma região rural e longe do centro econômico, social e religioso do país; e com aparência longe da ideal quando de repente, seu príncipe encantado a encontrou. Tudo isso, no tempo certo (8:10-12)!

Todos os relacionamentos amorosos passam por fases. Há aventura e mistério nisso, mesmo que os cônjuges mudem ao longo dos anos (e certamente mudam). O relacionamento baseado em aliança e compromisso até que a morte os separe supera as mudanças e ainda cresce por causa delas. Os casais que desistem do relacionamento no primeiro sinal de dificuldade infelizmente sacrificam a aventura e o amadurecimento que os ciclos de vida do matrimônio proporcionam.

Uma lição que aprendemos sobre a importância da paciência debaixo da soberana mão de Deus tem a ver com a própria solteirice. Erramos quando tratamos os solteiros como cidadãos de segunda classe. O casamento não é o objetivo da vida. Sexo não é o auge da experiência humana. Tudo no nosso mundo diz o contrário, especialmente quando se trata do sexo. O apóstolo Paulo queria que todos fossem solteiros e celibatários como ele era, desde que isso resultasse no bem do Reino (1Coríntios 7:7,8,25-38).

Obviamente, uma vida de celibato não é para todos. Mas a mensagem de Cântico à luz das Escrituras nos lembra de que Deus é soberano em questões de amor e casamento; que podemos buscar condições e circunstâncias favoráveis para encontrar o amor da nossa vida, mas que devemos descansar na bondade e soberania de Deus. Todos os não casados devem avaliar seriamente se Deus está chamando-os para uma vida de dedicação a Ele sem as preocupações que o amor e casamento

---

[1] Para um desenvolvimento maior dos temas namoro e noivado, veja os livros do autor em coautoria com Alexandre Mendes: *O namoro e noivado que Deus sempre quis* (Hagnos, 2013) e *Perguntas e respostas sobre o namoro* (Hagnos, 2015).

trazem. Nosso primeiro objetivo com os jovens não deve ser casá-los, mas ajudá-los a descobrir como Deus quer que eles o sirvam hoje. Como diz Eclesiastes, há tempo para tudo, mas não sabemos quando será o tempo de Deus. "Tudo que Ele fez é apropriado ao seu tempo" (Eclesiastes 3:11).

Também existe a paciência no amor. Vivemos a sociedade da pressa, em que há pressão desde o berço para "namorar". Um jovem sem experiência sexual é considerado extraterrestre. Não devemos queimar etapas, mas curtir cada estação do ciclo de amor como dádiva de Deus. Essa é uma das principais mensagens do livro.

Vamos traçar o desenvolvimento desse tema no início de Cântico, observando as etapas comuns no despertar do amor verdadeiro: interesse, interferência, insegurança, interferência novamente e, por fim, a resolução que vem pelo investimento na relação.

II. INTERESSE MÚTUO (1:2-4a)

2 Beije-me com os beijos de sua boca! Porque o seu amor é melhor do que o vinho.
3 Suave é o aroma dos seus perfumes; como perfume derramado é o seu nome. Por isso, as donzelas o amam.
4 Leve-me com você! Vamos depressa! O rei me introduziu nos seus aposentos.

O texto começa de forma abrupta com a Sulamita expressando, num monólogo, a profunda paixão que ela sente pelo rei.[2] Talvez esperaríamos algo um pouco mais conservador e menos sensual; afinal, este é

---

[2] Alguns alegam que o livro não apresenta um desenvolvimento cronológico, e que se trata de uma coleção de poesias sem ligação entre si. Sendo assim, a primeira cena do livro trataria do relacionamento íntimo entre o casal, mesmo que a consumação do casamento aconteça alguns capítulos depois. Tanner identifica o princípio hermenêutico central em jogo quando afirma: "A questão a ser resolvida, então, é se a 'sexualidade aberta' dos primeiros capítulos representa experiência real ou desejos pela experiência sexual (ou seja, desejos que não encontrarão sua realização até depois do casamento)" (TANNER, "The History of Interpretation of the Song of Songs", p. 40). Nesta série de exposições, entendemos que o livro tem início com uma expressão da noiva sobre seu desejo por algo que ainda não está ao alcance dela.

um livro da Bíblia! Mas o realismo do texto ilustra a atração normal que dois noivos sentem um pelo outro, cada vez mais à medida que o dia das núpcias se aproxima. Uma observação cuidadosa do texto revela que o desejo dela por Salomão é muito mais que físico. Está arraigado no caráter dele que, ao que tudo indica, ela já conhece razoavelmente bem.[3]

A primeira cena do livro revela um casal adiantado em seu relacionamento. Alguns, que interpretam o livro como uma coleção não necessariamente cronológica de poemas românticos, entendem essa cena como a expressão de paixão entre um casal casado. Outros encaram com realismo uma expressão de desejo entre noivos que só será satisfeita nas núpcias.

Podemos questionar se, naquela cultura, seria possível um casal verbalizar seus desejos por intimidade física de forma tão escancarada durante o noivado (um período de compromisso pactual em todos os sentidos, exceto a consumação sexual) como encontramos no início de Cântico. A pergunta revela certa dose de ingenuidade pelo fato de que a atração física sempre foi e será assunto de conversas e, como no livro de Cântico, de sonhos.

Jack Deere nota a progressão no relacionamento íntimo do casal no decorrer do livro e a mensagem que isso comunica aos leitores:

> Embora essa parte do livro (1:2–3:5) transborde de expressões de desejo sexual, grande autodisciplina é exercida pelo casal. Porém, depois da procissão matrimonial (3:6-11) nota-se uma ausência notável de restrição sexual em Cântico. Então essa primeira parte aponta ao fato de que na corte romântica deve haver autodisciplina.[4]

Pelas entrelinhas do livro (lembrando que se trata de algo parecido com um álbum de fotos, não um filme) podemos reconstruir o início do

---

[3] O final do livro parece ser um inclúsio em que a Sulamita olha para trás e revê o primeiro encontro do casal perto da casa da mãe dela (8:11-12).
[4] Jack S. DEERE, "Song of Songs", p. 1011.

relacionamento. O final do livro (8:11-12) parece ser um *flashback* que recorda esse primeiro encontro, que provavelmente aconteceu no norte de Israel, na região de Baal Hamom, perto de Líbano (v. 10), onde Salomão tinha uma vinha (cf. Eclesiastes 2:7). Poderia ter sido um refúgio de veraneio que Salomão inspecionava de tempo em tempos; uma vinha arrendada para guardas que tinham a responsabilidade de lhe entregar mil peças de prata ao final da ceifa (v. 11).

Em uma dessas visitas, o rei notou uma jovem camponesa de sotaque nortista que o encantou. Salomão, talvez vestido com roupa de campo (e não as vestes reais), abordou a jovem e, a partir daquele momento, algo brilhou nos olhos de ambos. Pelo que eles falam no livro, podemos imaginar um diálogo do tipo, "Onde você esteve esse tempo todo?"[5]

No versículo 2 ela expressa o desejo intenso de ser beijada pelo amado. A palavra "amor" e seus derivados ocorrem mais vezes em Cântico do que qualquer outro livro do Antigo Testamento, com 39 das 61 ocorrências, e tende a descrever a intimidade do amor, muitas vezes manifesto em expressões físicas como carícias.[6]

A leitura que encara o livro como um poema linear entende o desejo da noiva por manifestação física de carinho como uma tensão, o "já" e "ainda não" do relacionamento romântico. O desejo já existe, mas ainda não pode ser consumado. O livro começa, então, com uma declaração coerente com a teologia bíblica do casamento e da sexualidade (Gênesis 2:24, Hebreus 13:4). A declaração de que o amor dele é melhor que vinho significa que a afeição física dele era suave, refrescante e grande fonte de alegria.[7] "Para a Sulamita, nenhum evento social, a despeito do prazer ou alegria que proporcionasse, se igualava às expressões tenras do amor de Salomão, pelas quais ela ansiava."[8]

---

[5] Carlos Osvaldo Pinto, áudio, maio-junho 2011.
[6] A palavra "amor" (דּוֹד, *dôd*) indica a expressão *física* do amor, diferente de אָהֵב (*ahav*), uma palavra mais abrangente. Aqui está no plural, e reaparece nessa forma em 4:10. Veja Paige PATTERSON, *Song of Solomon*, p. 32.
[7] Jack S. DEERE, "Song of Songs", p. 1011.
[8] Paige PATTERSON, *Song of Solomon*, p. 32.

Esse desejo precisava esperar o momento certo ("não acordar nem despertar o amor!", 2:7). Paciência e pureza precisam caracterizar o relacionamento entre os sexos (1Tessalonicenses 4:3-8).

Na sequência, a Sulamita elogia o perfume do amado — quando ele entrava no quarto, sua fragrância já a deixava fraca (cf. 2:5). A segunda linha do versículo 3 faz um jogo de palavras em que a ideia literal do perfume descreve o nome do amado. O nome, conforme amplamente testemunhado nas Escrituras, representa o caráter de uma pessoa (cf. Êxodo 34:5-7; 2Samuel 7:9). No caso de Salomão, ele era atraente, digno e nobre. O rei reunia uma aparência física impressionante com um caráter doce (cf. Eclesiastes 7:1; Provérbios 22:1). Não era de admirar que ele fazia o coração das virgens derreter![9] As "donzelas" são jovens da corte ou da cidade de Jerusalém, possivelmente as "filhas de Jerusalém" que aparecem em 1:5. A palavra traduzida por "virgem" no conhecido texto de Isaías 7:14 é usada outra vez somente em Cântico 6:8 para se referir às jovens solteiras do palácio. O versículo 3 termina observando que, com suas características, não era de admirar que o rei fosse "amado" por elas.[10]

Por isso ela implora que ele a leve para a casa dele (v. 4), onde o relacionamento teria mais tempo e oportunidade de amadurecer. O desejo de ser atraída pelo amado encontra ecos no amor de Yahweh pelo seu povo (Jeremias 31:3, Oseias 11:4)[11] e também na obra de Jesus na cruz, que atraiu todos os homens para si (João 12:32). Essas analogias são importantes na aplicação de Cântico.

Se o casal ainda está no período de noivado, então o versículo 4 pode ser traduzido como um pedido, como faz a tradução A21: "Leva-me contigo! Corramos! Leve-me o rei para os seus aposentos",[12] indicando a possível expressão de um desejo pela chegada do casamento e

---

[9] CARR (*The Song of Solomon*, p. 74) comenta que o todo da personalidade dele era tão atraente que outras além da amada foram atraídas a ele.

[10] A palavra traduzida aqui por "amar" (בהא, *ahav*) é diferente do termo usado como substantivo no v. 2 (דּוֹד, *dôd*) e outras 39 vezes no livro.

[11] Paige PATTERSON, *Song of Solomon*, p. 34.

[12] Veja Jack S. DEERE, "Song of Songs", p. 1012. A palavra דֶּרֶח (*kheder*) no singular foi usada muitas vezes para descrever um quarto, um lugar íntimo e particular.

a consumação dos votos. Porém a palavra "aposentos" provavelmente estaria no singular se indicasse o quarto particular dele (veja a única outra ocorrência da palavra em 3:4). No plural, a ideia parece ser a de que ele a levou até o palácio, onde ela também teria oportunidade de conhecê-lo no contexto dele. O rei "deu um jeito" para que eles pudessem estar juntos.[13]

Encontramos aqui algumas lições sobre o relacionamento entre duas pessoas apaixonadas, ilustradas na história de amor de Salomão e Sulamita. Primeiro, a presença de paixão e desejo físico entre o casal é algo saudável, criado por Deus e abençoado por Ele, mas sempre precisa esperar o momento certo (Gênesis 1:27; 2:24: Hebreus 13:4). Segundo, a atração entre o casal precisa ir além do físico, sendo baseada no caráter de ambos. Construir o relacionamento sobre a areia movediça da aparência física só o destina ao fracasso. Os ventos do tempo logo dissipam a beleza externa, mas a nobreza de caráter permanece. Terceiro, de passagem, podemos dizer que é importante o casal conhecer um ao outro, na medida do possível, em seu contexto de vida: família de origem, amizades, classe social, costumes, comida predileta. Tudo isso facilita o período de adaptação pós-nupcial.

Até aqui, tudo indo muito bem. Mas logo em seguida, o texto apresenta o primeiro problema a afligir o casal.

II. INTERFERÊNCIA 1 (1:4b)

[4] Exultaremos e nos alegraremos por sua causa; do seu amor
nos lembraremos, mais do que do vinho. Não é sem razão que
o amam.

De repente, logo após o monólogo da Sulamita, há uma mudança no texto, da primeira pessoa singular para a primeira pessoa plural. Um grupo começa a falar, ecoando os louvores já falados sobre o rei, mas representando também a primeira ameaça ao relacionamento. Alguns sugerem que esse grupo, mais tarde identificado como "filhas

---

[13] S. Craig GLICKMAN, *Solomon's Song of Love*, p. 30.

de Jerusalém" (1:5; cf. 2:7; 3:5,10; 5:8,16; 8:4), representa as rainhas e concubinas do rei (6:8). Mas pelo que falam no restante do livro, fica difícil concordar com essa identificação.[14] Parece melhor entender a voz como um coro que funciona no livro como testemunhas do relacionamento e que servem para reforçar conceitos-chaves.[15]

Nesse primeiro momento, em que a Sulamita é apresentada no palácio pela primeira vez (1:4a), as mulheres da corte constituem uma ameaça para ela. Talvez constem como as primeiras "raposinhas" que devastavam as florzinhas iniciais do vinhedo do seu amor (2:15).

Há discordância entre algumas traduções sobre o destinatário dessa exclamação, se é Salomão ou a Sulamita. Por exemplo, a versão A21 inclui o título "Das mulheres para a amada" enquanto outras versões identificam o rei como sendo o alvo da declaração. Entendemos, pelos pronomes da segunda pessoa singular masculino ("em *ti*; do *teu* amor; *te* amam"), que as mulheres em coro se dirigem ao próprio amado, e os termos são demasiadamente íntimos para se referirem à Sulamita, que provavelmente já se sentia intimidada por elas. A impressão é que pelo menos algumas delas haviam experimentado um pouco do "amor" do rei — a mesma palavra íntima que a Sulamita usou no verso 2 — e que tinham saudades dele.

A última frase, "não é sem razão que o amam" ecoa o que a própria Sulamita já tinha falado no v. 3: "por isso, as donzelas o amam"; mas na boca de outras, representa uma ameaça para ela. Elas confirmam o que a amada suspeitava: ela está "competindo" com muitas outras mulheres que tinham em Salomão seu ideal de "príncipe encantado". A tentação ao desespero seria grande enquanto a Sulamita contemplava a cena da corte, a grandeza do rei, as mulheres da elite suspirando por ele, e ela, recém-chegada do campo.

---

[14] DEERE ("Song of Songs", p. 1012) nota que várias sugestões sobre a identidade das "filhas de Jerusalém" foram dadas, entre elas: convidadas da festa matrimonial; atendentes da corte; concubinas no harém do palácio. Ele diz ser mais provável que fossem moradoras de Jerusalém, frequentemente considerada "mãe" dos seus habitantes (cf. Isaías 51:18; 60:4; Ezequiel 19:2,10; Oseias 2:2,5).

[15] Veja também 5:2,9; 6:1,13; 8:5,8,9.

Mais uma vez, o texto bíblico é realista. Quem já não se sentiu intimidado quando conheceu a família e o contexto de vida do namorado pela primeira vez? Quem já não se sentiu indigno de conquistar o homem ou a mulher dos sonhos? Quem já não foi tentado a desistir do relacionamento depois de encontrar ex-namorados(as) ou ouvir outras pessoas elogiando o seu amado ou sua amada?

Essa primeira interferência de terceiros conduz à expressão de insegurança da Sulamita.

III. INSEGURANÇA (1:5-7)

⁵ Eu sou morena e bonita, ó filhas de Jerusalém, como as tendas de
    Quedar, como as cortinas de Salomão.
⁶ Não olhem para a minha pele morena, porque o sol me queimou.
    Os filhos de minha mãe se indignaram contra mim e me puseram
    por guarda das vinhas; mas a minha vinha, que me pertence, não
    a guardei.
⁷ Diga-me, ó amado de minha alma: Onde você apascenta o seu
    rebanho? Onde você o faz repousar ao meio-dia? Diga, para que
    eu não ande vagando junto ao rebanho dos seus companheiros.

Logo após a exclamação do coro de mulheres de Jerusalém, afirmando que o rei realmente era desejável para todas na corte, a Sulamita expressa um sentimento de insegurança pela sua suposta inferioridade. Sua presença como camponesa entre as mulheres sofisticadas do palácio gerou conflito interno que somente será resolvido pelas afirmações de amor do seu amado. Ela descobre que a vida na capital era bem mais complexa do que no campo.

Ela se descreve como sendo "morena" (literalmente "negra" ou "escura"), sugerindo que, na corte, a pele clara era valorizada. Mas ela também reconhece que tem sua beleza (1:5).[16] Ela tem uma aparência

---

[16] הָאוָ (*naveh*) só ocorre dez vezes no Antigo Testamento e mais quatro vezes em Cântico, descrevendo o rosto da Sulamita (2:14); sua boca (4:3); e a cidade de Jerusalém, à qual ela é comparada (6:4). O sentido de "apropriado, conveniente" predomina em outros textos (Salmos 33:1; 147:1; Provérbios 17:7; 19:10; 26:1).

naturalmente linda, mas é humilde — uma atitude que provavelmente foi refrescante para o rei, talvez cercado de mulheres vaidosas na cidade e no palácio.[17]

A comparação com as "tendas de Quedar" ressalta a cor escura e o tecido áspero das moradias dos nômades do norte de Israel, terra da Sulamita.[18] A frase paralela, "como as cortinas de Salomão" — segunda vez no livro que ele é mencionado por nome — faz comparação com a fina elegância do palácio. As duas imagens resumem perfeitamente a vida e a aparência da Sulamita!

No versículo 6 ela explica a razão pela qual ficou escura: fora bronzeada pelo sol quente enquanto trabalhava longas horas na vinha, que a família provavelmente havia arrendado, talvez do próprio rei (cf. 8:11-12). Por ser tão diferente das mulheres finas da corte, sentia-se inferior a elas, e pede que não a olhem (supostamente, para desprezá-la). Ela era uma trabalhadora comum, mas com uma beleza natural muito atraente para o rei, acostumado com as damas da corte que o cercavam.

Encontramos aqui algo parecido com a história de Cinderela. A Sulamita explica que seus irmãos (ou meios-irmãos)[19] a forçaram a cuidar das vinhas da família. Há um jogo de palavras no texto, pois a frase "se indignaram" literalmente quer dizer "queimaram" ou "ficaram quentes", assim como o sol que a queimava.[20] Alguns supõem, pela ausência de qualquer referência ao pai dela no livro, que ele havia morrido e que os irmãos assumiram a direção da família (cf. 8:8-9).[21] Por alguma razão, eles se indignaram contra ela e a castigaram com o trabalho duro do campo.

---

[17] Paige PATTERSON, *Song of Solomon*, p. 36.

[18] DEERE ("Song of Songs", p. 1013) comenta que o povo de Quedar era nômade do norte da Arábia, descendiam de Ismael (Gênesis 25:13), e eram conhecidos como arqueiros (Isaías 21:16-17) e pastores (Isaías 60:7; Jeremias 49:28-29; Ezequiel 27:21; cf. Salmos 120:5; Isaías 42:11; Jeremias 2:10).

[19] A maneira pela qual ela se refere aos irmãos como "filhos de minha mãe" (יְמֵא יָנְבֵ, *benê imî*) pode significar que eram meios-irmãos, como muitos comentaristas observam. A frase também pode indicar irmãos de sangue, conforme o uso do termo em outros textos (Gênesis 27:29; Deuteronômio 13:6; Salmos 50:20).

[20] G. Lloyd CARR, *The Song of Solomon*, p. 79.

[21] Idem.

Parte da insegurança se devia ao fato de que, com tanto trabalho no campo, ela não havia cuidado de si própria. Essa é a ideia da última cláusula do versículo 6: "mas a minha vinha, que me pertence, não a guardei". Diferente das damas da corte, ela não tinha tempo para se arrumar e se cuidar. Por isso, se sentia intimidada no meio de uma classe social mais alta.

Sua insegurança diante de tantos estranhos leva a Sulamita a buscar a presença do amado. Aparentemente, depois de levá-la até o palácio (v. 4a), ele havia saído, talvez para atender questões do reino ou até mesmo para verificar o estado dos seus rebanhos (cf. Provérbios 24:27; Eclesiastes 2:7). A ausência dele só aumentava a insegurança dela. Nesse momento que ele provavelmente estava ocupado com mil e uma responsabilidades do reino, ela precisava de atenção. Afinal de contas, ele é a razão de ela se encontrar naquele lugar, tão distante de tudo que lhe era familiar.

No versículo 7 ela fala em voz alta, como se falasse com ele, embora estivesse ausente. Manifesta o intenso desejo que tinha de estarem novamente juntos: "Diga-me, ó amado de minha alma: Onde você apascenta o seu rebanho?".

As palavras dela deixam a entender que a Sulamita não queria dar a impressão de ser uma "mulher de rua", dando em cima do amado. Por isso pergunta casualmente: "Onde você apascenta o seu rebanho? Onde você o faz repousar ao meio-dia?". Ela queria encontrá-lo novamente, mas temia sair à caça dele e ser encarada como prostituta, vagueando pelos acampamentos de pastores como faziam as "mulheres de programa" da época (cf. Gênesis 38:14-23).[22]

---

[22] A tradução "para que não ande eu vagando" é literalmente, "para que eu não seja como mulher envolta", ou seja, ou coberta, com véu (הְיָטֹעְכּ, *keote-iáh*). O termo provavelmente se refere a prostitutas, mulheres "veladas" (cf. Gênesis 38:14-15) que "atendiam clientes" entre os nômades, andando de acampamento a acampamento e de tenda a tenda. A Sulamita quer preservar a reputação dela (e a do rei), por isso precisa saber exatamente onde ele estaria. DEERE ("Song of Songs", p. 1013) levanta uma interpretação possível a respeito do véu: ela ficaria triste — velada, como uma mulher de luto — se não encontrasse o amado (cf. Ezequiel 24:17,22).

Um parêntese: fica nítido no texto que o rei era o líder do relacionamento.[23] Ela não se colocava num papel agressivo, mas esperava a aproximação dele. No livro, porém, ela fala mais do que ele. Dos 117 versículos no livro, 55 vêm da boca dela e outros 19 podem ser atribuídos a ela.[24]

Muito embora a Sulamita sentisse forte atração pelo rei, ela não rompia com o decoro da época e mantinha a dignidade de ser uma mulher de honra (cf. 8:9-10, em que ela se descreve como "muro" que não deixava qualquer um entrar e se aproveitar dela). Ela não era "fácil", fato que a tornava mais preciosa e atraente para o próprio rei.

Também notamos que, em meio à insegurança gerada pelas circunstâncias, ela não entrou em um bate-boca com as mulheres da corte. Ela procurou por meio da comunicação direta resolver a questão junto ao noivo. Chega de intrigas, fofocas, manipulações e outras jogadas tão comuns em relacionamentos românticos. Comunicação direta, com sabedoria e discrição, sempre é o melhor caminho.

IV. INTERFERÊNCIA 2 (1:8)

⁸ Se você, a mais bela das mulheres, não o sabe, siga as pisadas
dos rebanhos e apascente os seus cabritos junto às tendas
dos pastores.

Pela segunda vez no texto, ocorre uma interferência de terceiros, que falam diretamente para a Sulamita.

Mais uma vez, há debate sobre quem fala no versículo 8: Salomão ou as filhas de Jerusalém? Parece estranho o rei pedir para a Sulamita sair vagueando à procura dele — exatamente o que ela declarou que não queria fazer (v. 7). Entendemos as palavras como sendo uma segunda interferência das filhas de Jerusalém, em tom sarcástico.

Três vezes no livro a frase "a mais bela das mulheres" é usada; nas duas outras ocorrências, é claramente proferida pelas mulheres de Jerusalém (cf. 5:9; 6:1). Aqui, elas desafiam com sarcasmo a amada

---

[23] S. Craig GLICKMAN, *Solomon's Song of Love*, p. 29.
[24] G. Lloyd CARR, *The Song of Solomon*, p. 88.

a fazer o que ela não queria fazer, ou seja, procurar pelo amado entre as tendas dos pastores. Podemos parafrasear o que dizem assim: "Se você não sabe onde está seu 'amado', Dona Formosa, é problema seu. Por que não voltar ao campo ao qual você realmente pertence e procurá-lo entre os seus?".

Infelizmente, nessa altura, a Sulamita não encontra apoio entre as "concorrentes" do palácio. Porém o amor verdadeiro, para florescer, precisa continuar paciente, puro e perseverante.

V. INVESTIMENTO E RESOLUÇÃO (1:9-11)

⁹ Comparo você, minha querida, com as éguas das carruagens
de Faraó.
¹⁰ O seu rosto fica lindo com os enfeites, o seu pescoço,
com os colares.
¹¹ Faremos para você enfeites de ouro, com incrustações de prata.

Finalmente o rei encontra a amada e resolve a primeira crise do casal, causada por tê-la abandonado no palácio entre as filhas de Jerusalém, nada amigáveis. Nesse momento ele precisava investir no relacionamento. E o investimento dele de repente muda a perspectiva da amada e das filhas de Jerusalém.

Suas palavras suaves consolam a noiva e assentam a poeira de dúvida, confusão, inferioridade e interferência. A mudança no gênero dos pronomes sinaliza que é Salomão quem está falando à amada. Assim como ela já fez (1:2-3), ele elogia tanto a aparência física como a dignidade de caráter dela.

No versículo 9, Salomão fala pela primeira vez e a elogia, chamando-a de "minha querida", ou seja, "minha amiga".[25] O versículo 9 tem causado confusão entre os intérpretes, alguns dos quais se equivocam ao supor que uma égua forte, linda e majestosa puxava a carruagem do

---

[25] O termo רַעְיָתִי (*raiáti*) "querida minha" é abrangente. Pode significar que a Sulamita é "companheira" ou "amiga" dele. É uma das palavras prediletas do rei para a Sulamita (cf. 1:15; 2:2,10,13; 4:1,7; 5:2; 6:4).

rei do Egito.²⁶ A figura é mais impressionante que isso. Tudo indica que somente cavalos, e não éguas, puxavam os carros de Faraó.²⁷ A melhor tradução indica que ela era como uma única égua entre as carruagens de Faraó. Além disso, o termo no original é singular "égua", e não plural; ou seja, ele a compara a uma única égua andando entre os muitos cavalos nos estábulos de Faraó, que causaria grande confusão!

> O ponto de 1:9 não é somente que ela era singularmente linda como uma égua entre muitos cavalos de carruagem, mas talvez que ela também era atraente e causava distração como uma égua solitária faria entre os cavalos.²⁸

Salomão a descreve como uma mulher que deixava os homens "doidos"! É como se ela fosse a única mulher em um mundo cheio de homens!²⁹

No versículo 10, ele faz mais duas descrições dela, que também a levam a descansar no amor dele. O pescoço dela — símbolo de dignidade e nobreza (cf. 4:4), ou seja, seu caráter — está adornado de forma perfeita com colares. O versículo 10 é a primeira de muitas vezes no livro que ele a chama de "linda" ou "bela" (cf. 1:15 [2x]; 2:10,13; 4:1 [2x]; 4:7; 6:4; 7:1,6). Novamente, o rei está fazendo elogios honestos para a noiva entender a importância que ela tem na vida dele — lição importante para todos os homens.

Enfim, pelo fato de ela se sentir constrangida pela sua aparência, ele elogia sua beleza, fato que força as outras mulheres a concordarem com ele. É exatamente isso que a voz do coro (note a primeira pessoa do plural novamente) faz no versículo 11: "Faremos para você enfeites de ouro, com incrustações de prata".³⁰

---

[26] A comparação faz sentido quando lembramos que Salomão amava cavalos e importava cavalos do Egito e de outros lugares (1Reis 10:26; 2Crônicas 9:28).
[27] Greg W. PARSONS, "Guidelines for Understanding and Utilizing the Song of Songs", p. 416.
[28] Idem.
[29] Jack S. DEERE, "Song of Songs", p. 1013.
[30] Idem.

Percebemos aqui uma mudança radical nas filhas de Jerusalém. Elas tomam as palavras do rei, que descreveram o pescoço (caráter) da Sulamita, e de repente se oferecem para fabricar joias para embelezá-la ainda mais (cf. 3:10). Influenciadas pela atitude do rei encantado, percebem que devem ficar do lado certo das questões do palácio. Aquelas que eram "do contra" de repente estão a favor do relacionamento. O investimento do rei exaltou a Sulamita e lhe deu uma posição de honra que fez com que os outros também a honrassem.

CONCLUSÃO

Quando encaramos o início do Cântico, reconhecemos a triste realidade de que o ser humano realmente carece muito da graça e da glória de Deus (Romanos 3:23). A *imago Dei* foi impactada pela entrada do pecado na raça humana, e gerou confusão, insegurança, vergonha, medo e fuga no relacionamento entre Deus e o homem e entre o homem e sua mulher (e filhos). Elogios (por exemplo, do esposo para a esposa ou dela para ele) podem restaurar uma porção da segurança, mas sem uma obra maior e profunda no coração de ambos, não passarão de curativos sobre feridas fatais da alma. O que o casamento mais precisa — o que os indivíduos mais precisam — é de um transplante de coração e da renovação da imagem de Deus em sua vida. Deus quer construir o lar (Salmos 127:1) e faz isso através da obra de Cristo. Aquele que bradou da cruz *"Tetelestai"* — "Está consumado" ou "pago" — consegue transformar corações e casamentos para sua glória.

Há várias lições que podemos aprender nesse texto sobre a natureza do amor verdadeiro:

1. É preciso haver paciência para desenvolver relacionamentos duradouros e comprovar as primeiras impressões.[31]
2. O relacionamento entre pessoas do sexo oposto visando ao casamento deve incluir tanto a atração física como a apreciação pelo caráter do outro (1:2,3,9,10).

---

[31] Carlos Osvaldo Pinto, áudio, maio-junho 2011.

3. O desejo pela consumação física do relacionamento precisa aguardar o momento certo: os votos conjugais (Cântico 2:7; Hebreus 13:4).
4. Todo relacionamento íntimo entre dois seres humanos desde Gênesis 3 incluirá tensões, ambiguidades, conflitos e interferência de terceiros, os quais terão de ser superados para que a intimidade aumente (1:4b,8).
5. O casal não pode permitir que terceiros interfiram no desenvolvimento de sua amizade (1:4b,8).
6. A mulher tem o papel de seguir a liderança do homem enquanto manifesta seu interesse por ele (1:2,3,4).
7. Deve se cuidar do testemunho do casal para não dar falsas impressões de sensualidade (1:7).
8. O homem tem um papel especial de verbalizar sua apreciação pela beleza interna e externa da amada, sem ultrapassar os limites de decoro, honestidade e sensibilidade (1:9-10).
9. A beleza do relacionamento crescente e íntimo entre homem e mulher revela a beleza da glória de Deus, refletida quando dois se tornam um (Gênesis 1:27, Cântico 2:24).
10. O ideal divino para os casais é um relacionamento de paciência e pureza. Existe, porém, graça renovadora para aqueles que falharam em relacionamentos anteriores. Há chance de começar de novo, demonstrar pureza e paciência num relacionamento crescente para a glória de Deus.

GRANDE IDEIA

O amor verdadeiro cresce, apesar da interferência de terceiros, com paciência, segurança e afirmações de amor.

seção 3

A expectativa do amor: paciência

CÂNTICO DOS CÂNTICOS 1:12 – 2:7

GUIA DE ESTUDO 3

▶ **Instruções para o facilitador**

Alguns versículos desse texto têm sido tirados do contexto e propósito em que se encontram e aplicados a Jesus e à igreja (2:1, em que Jesus seria a "rosa de Sarom", e 2:4, "o seu estandarte sobre mim é o amor"). Confira no Comentário 3 a explicação desses versículos para esclarecer seu significado ao grupo.

Nesse estudo, o facilitador pode fornecer algum tipo de visual (cartaz, quadro branco, slides) para mostrar o "DNA" do amor que se constrói com os elogios intercalados no texto.

▶ **Propósito do estudo**

Levar os membros do grupo a perceber a importância de um amor maduro que cresce na apreciação mútua e no outrocentrismo que caracteriza a vida de Cristo.

▶ **Objetivos**

No fim do estudo, os membros do grupo devem:
- Valorizar a importância de afirmações mútuas de apreciação e amor ao longo do casamento.
- Comprometer-se, pela graça de Deus, a ser "homem de uma só mulher" e "mulher de um só homem".
- Praticar o outrocentrismo de Cristo no serviço ao cônjuge.
- Demonstrar e declarar seu amor de formas apropriadas e aceitáveis pelo cônjuge.

▶ **Sugestão de dinâmica inicial**

O "DNA" do amor verdadeiro envolve apreciação mútua e amadurecimento do outrocentrismo que caracteriza a vida de Jesus. Infelizmente, com o passar do tempo, os casais tendem a focar mais nos aspectos negativos de seu cônjuge do que nos positivos. Então, peça que os casais presentes anotem e compartilhem três características *positivas* que apreciam no cônjuge. Devem tomar cuidado para que não haja nenhum aspecto negativo embutido na resposta, por exemplo: "Meu cônjuge é muito impaciente, mas sempre pede desculpas depois".

▶ **Perguntas para discussão**

1. Como o amor se aprofunda e evolui ao longo de um (bom) relacionamento, desde a paixão inicial até a maturidade? Quais perigos acompanham esse amadurecimento?

2. Leia Cântico 1:12—2:7. Preste atenção em quem diz cada frase e note como os elogios de um para o outro se intercalam:
   1:12-14 Elogios da Sulamita
       1:15 Elogios de Salomão
   1:16—2:1 Elogios da Sulamita
       2:2 Elogios de Salomão
   2:3-6 Elogios da Sulamita
       2:7 Refrão de paciência

   a. Pelas descrições, esse parecia ser um casal perfeito. Até que ponto se aplica aqui o ditado que diz: "A beleza está aos olhos de quem ama"? Isso é bom? Como pode ser mau?

3. Note como os elogios, que começam em 1:9, afirmam como o outro era único aos olhos do parceiro:
   - Salomão para a Sulamita (1:9): Ela era "égua [única] entre as carruagens de Faraó [dirigidas por cavalos]".
   - Sulamita para Salomão (1:14): Ele é "ramalhete de flores de hena nas vinhas".
   - Salomão para a Sulamita (2:2): Ela é "um lírio entre os espinhos".
   - Sulamita para Salomão (2:3): Ele é "macieira [árvore frutífera] entre as árvores do bosque".

   Podemos resumir os elogios de um para o outro com a frase "Só tenho olhos para ti".

a. Como manter esse "primeiro amor", no qual o outro é totalmente único aos nossos olhos?

4. Podemos dizer que o amor bíblico se define na palavra "outro-centrismo". O amor procura o bem do outro antes de seu próprio bem. Foi assim que Jesus amou, procurando dar antes de receber (cf. Marcos 10:45; Filipenses 2:3-8). Quando Jesus vive sua vida em e por meio de nós (Gálatas 2:19-20), o resultado será visto de forma prática no amor (serviço) ao cônjuge.
   a. Liste maneiras *práticas* de o cônjuge priorizar o bem do outro antes do seu.

5. Muitas vezes, a mulher tem mais facilidade em expressar o amor (em forma de serviço, mas também verbalmente) do que o homem. Em Cântico, a Sulamita fala duas vezes mais que Salomão, mas *ambos* verbalizam seu amor e sua apreciação pelo outro, destacando tanto aspectos de aparência física como qualidades de caráter.
   a. Até que ponto é importante verbalizar nosso apreço pelo outro?
   b. Qual é o perigo de só elogiar aspectos externos, como beleza física?

6. Em Cântico, o noivo descreve a noiva como "formosa" ou "bela" pelo menos nove vezes (1:15; 2:10,13; 4:1,7; 6:4,10), embora ela use esse termo apenas uma vez para descrever o noivo (1:16-17).
   a. Até que ponto é importante a esposa elogiar a aparência do marido? Em sua opinião, a proporção desse tipo de elogio no livro é significativo e proposital ou arbitrário (ou seja, homens devem elogiar a beleza da esposa nove vezes mais que elas elogiam a aparência do marido)?

7. Leia Cântico 2:1-2. No primeiro verso, a Sulamita se apresenta como um lírio, uma flor comum entre tantas outras da mesma espécie. No verso seguinte, porém, a resposta do marido aponta em outra direção: ela não é apenas mais uma. Ela é única entre outras que, aos olhos dele, não passavam de espinhos. Seu amor pela Sulamita era exclusivo, ou seja, excluía qualquer concorrência.

a. Por que o amor verdadeiro (bíblico) tem de ser *exclusivo* (cf. Gênesis 2.24)?
   b. Como proteger nosso coração (e o de nossos filhos) para se reservar somente a um amor?

8. Leia Cântico 2:3. A Sulamita expressa o desejo de descansar debaixo da sombra do marido, que era como uma macieira frutífera e agradável. Considerando que ela era uma camponesa que trabalhava debaixo do sol ardente (cf. 1:5-6; 8:5b,11,12), qual o significado dessa figura da árvore?
   a. Até que ponto o marido deve ser protetor e provedor para a família? Até que ponto a esposa deve permitir que o marido seja seu protetor e provedor? Como esses papéis têm sido invertidos hoje?

9. Leia Cântico 2:4-6. As frases "me levou à sala do banquete" (literalmente, "à casa de vinho") e "o seu estandarte sobre mim é o amor" têm sido aplicadas no relacionamento entre Jesus e o cristão, sem levar em consideração o contexto inicial e a mensagem do texto, que ressalta que o amor verdadeiro não tem vergonha do amado, mas está disposto a ser publicamente visto e declarado (sem exageros que talvez causem desconforto para o outro!).
   a. Qual é a importância de um amor que não é oculto, mas público?
   b. Quais são os cuidados (limites) em declarações públicas de amor?

10. Leia Cântico 2:7, o "refrão da paciência" que se repete em momentos estratégicos de intensos desejo e paixão no livro (cf. 3:5; 8:4). A Sulamita, que acabara de expressar o grande desejo de ser possuída pelo noivo (2:6), reconhece que ainda não era a hora para tal. Por isso, apela às amigas que a ajudem a aguardar o momento certo para a consumação do seu amor. As "gazelas e corças selvagens" eram animais ariscos, facilmente espantados. O amor também é algo delicado, que precisa de tempo, cautela, sensibilidade e *paciência* para ser desenvolvido.

a. Não acordar nem despertar o amor é o grande perigo de relacionamentos apressados. Como você entende a declaração: "O tempo é nosso maior aliado em relacionamentos duradouros"? Há limites para isso? Como essa frase ajuda os pais a orientar os filhos em relacionamentos de namoro e noivado?

11. Comente a grande ideia deste estudo: *O relacionamento conjugal cresce através de afirmações outrocêntricas de amor genuíno.*
    a. Como ser mais outrocêntrico em nosso casamento?
    b. Como melhorar a apreciação mútua?

▶ **Para oração**

Como grupo, clame a Deus pelo amor outrocêntrico em cada lar, para que o amor conjugal não se esfrie e para que haja crescimento e amadurecimento no apreço mútuo ao longo dos anos.

▶ **Para reflexão**

Comente sobre o equilíbrio entre as demonstrações de amor (verbais e físicas) e a paciência (2:7). Como o casal se mantém puro? Como casais hoje podem desenvolver um relacionamento sadio e de intimidade crescente sem ferir princípios bíblicos de pureza?

▶ **Tarefa final**

Leia o Comentário 3 antes do próximo encontro.

COMENTÁRIO 3

Dennis Rainey, em seu livro *Ministério com famílias no século 21*, esboça os vários estágios na vida familiar:[1] o período pré-nupcial; recém-casados; com filhos pré-escolares; com filhos no ensino fundamental; com filhos no ensino médio; o ninho vazio; aposentadoria. Todo relacionamento passa por várias dessas estações, e cada uma tem suas próprias características. Nem sempre é fácil navegar com segurança por essas etapas e há desafios particulares para cada uma delas.

O amadurecimento da relação no período que conhecemos como namoro e noivado serve como uma amostra do que o casal experimentará ao longo da vida. Há desafios particulares em cada estágio, e os obstáculos contribuem para o aprofundamento da relação ou para o fim dela.

Na introdução de Cântico, Salomão e sua amada expressaram desejo e apreço mútuos. Apesar da insegurança da Sulamita, que se sentia como peixe fora d'água sendo uma camponesa na capital, e ainda com a interferência de terceiros, o casal conseguiu superar os obstáculos e crescer em amor.

A próxima fase no desenvolvimento da relação envolve aprofundar o amor entre eles com expressões cada vez mais íntimas (embora reservadas) e troca de elogios mútuos (1:12—2:7). Podemos chamar essa alternância de elogios de "DNA do amor". À medida que o amor amadurece, aumenta o outrocentrismo manifestado na apreciação mútua, que por sua vez demonstra a vida de Jesus na vida conjugal.

ELOGIOS DA SULAMITA (1:12-14)

[12] Enquanto o rei está assentado à sua mesa, o meu nardo exala o seu perfume.

[13] O meu amado é para mim como um sachê de mirra, posto entre os meus seios.

---

[1] Dennis Rainey, *Ministério com famílias no século 21*, p. 115ss.

¹⁴ O meu amado é para mim como um ramalhete de flores de hena nas vinhas de En-Gedi.

Em resposta aos elogios dele (1:9-10), e com sua confiança e segurança no amor do amado renovadas, a Sulamita repete sua apreciação por Salomão. O contexto é uma refeição, provavelmente no palácio. Mesmo em meio a muitas pessoas, para ela, ele é o único presente.

O foco está no aroma suave do amor (v. 12-13). Ela, aproveitando o tema do perfume, diz que ele não somente cheirava bem como era, ele mesmo, um perfume personificado, atraente em todos os sentidos (v. 13a). A ideia de sachê de mirra[2] entre os seios reflete o costume de usar no pescoço um saquinho perfumado a fim de exalar uma boa fragrância o dia todo. Ou seja, ela o descreve como o perfume predileto da vida dela, e a fragrância dele não saía de sua memória.[3] Ele permanecia em todos os pensamentos dela, assim como o bom perfume invade o ambiente em que se encontra.

O versículo 14 descreve o amado como um buquê ou ramalhete de flores no meio do deserto, trazendo refrigério e beleza para a vida dela. En-Gedi era um oásis no deserto, na costa oeste do mar Morto, verdejante entre a monotonia das montanhas de areia e rochas. Foi o lugar para o qual Davi fugiu quando escapou do rei Saul (1Samuel 23:29; 24:1). Para a Sulamita, os outros homens eram como areia,[4] enquanto Salomão se destacava como um oásis de vida em meio ao deserto.[5]

Existe um paralelo fascinante na maneira de os dois se descreverem. Ele falou que ela era como égua entre as carruagens de Faraó, ou seja, única, excitante, sem par. Ela, por sua vez, o descreve como um oásis no meio do deserto: único, refrescante, lindo. Para cada um, o outro era único, um sentimento romântico que a poesia e a música popular ecoam até hoje.

---

[2] Outras menções de mirra no livro se encontram em 3:6; 4:6,14; 5:1,5 (2x),13.
[3] Carlos Osvaldo Pinto, áudio, maio-junho 2011.
[4] Jack S. DEERE, "Song of Songs", p. 1013-1014.
[5] S. Craig GLICKMAN, Solomon's Song of Love, p. 37.

Pelas descrições idílicas que os dois fazem, seria fácil imaginar que o casal era fisicamente perfeito, ambos excepcionalmente atraentes. Mas será que esse elevado padrão de aparência física é pré-requisito para um relacionamento duradouro? Não! Já descobrimos que a Sulamita tinha defeitos à luz do padrão de beleza da sua cultura. Então, qual a lição para nós? A de que a beleza existe aos olhos do amado. Ou seja, o amor verdadeiro cria uma paixão pelo amado de modo que ele é como se fosse o único na face da terra. Mais tarde, o livro destacará essa exclusividade do amor verdadeiro: "O meu amado é meu, e eu sou dele" (2:16).

II. ELOGIOS POR SALOMÃO (V. 15)

¹⁵ Como você é bela, minha querida! Como você é bela! Os seus olhos são como pombas.

Na troca de elogios, chega a vez do rei. Duas vezes ele a descreve como "bela",[6] mas menciona seus olhos cativantes pela primeira vez (cf. também 4:9). A tradução que acrescenta "como" ("os seus olhos são *como* os das pombas") deixa a desejar. Em vez de símile, o texto usa uma metáfora direta e diz "seus olhos *são* pombas". A diferença é sutil, mas importante. Ele não está descrevendo os olhos dela como redondos e pretos. A imagem da pomba traz a ideia de tranquilidade e paz, características que têm mais a ver com o caráter do que a aparência dela.[7] Ela se contrasta com a infame mulher rixosa de Provérbios, que só irrita e provoca todos de sua casa, derrubando-a com as próprias mãos (Provérbios 14:1; 19:13; 27:15).

Os olhos de uma pessoa podem refletir paz (como a pomba) ou ira, raiva, tensão e estresse. Os olhos são a janela da alma, a qual se reflete neles (cf. Mateus 6:22-23). Não é errado ser atraído pelo físico, mas

---

[6] הפָיָ (*iafáh*), termo mais comum que aquele usado em 1:5 para descrever beleza, aparece 12 vezes no livro em referência à Sulamita: 1:8, 5; 2:10,13; 4:1,7; 5:9; 6:1,4,10. Três vezes é falado pelas "filhas de Jerusalém" e somente uma vez é usado para descrever o amado (1:16).

[7] DEERE ("Song of Songs", p. 1014) cita um ensino rabínico segundo o qual a noiva de olhos bonitos refletia um caráter bonito. A imagem da pomba aparece várias vezes no livro: 2:12,14; 4:1; 5:2,12; 6:9.

isso é secundário em relação à beleza interior. Devemos tomar cuidado para não focar tanto no exterior, que perderá sua beleza pouco a pouco ao longo dos anos.

III. ELOGIOS DE SULAMITA (1:16-17)

> [16] Como você é belo, meu amado! Como é encantador! O nosso leito é de viçosa relva.
>
> [17] As vigas da nossa casa são os cedros, e o nosso teto são os ciprestes.

Mais uma vez a Sulamita fala, ecoando os elogios do amado e descrevendo-o como belo (formoso) e amável. A palavra "encantador" ou "amável", usada treze vezes no Antigo Testamento, descreve o que é prazeroso, confortável e o que traz deleite.[8] Ou seja, ele era bonito e gentil, atraente por dentro e por fora.

Depois ela descreve o lugar em que se encontravam. Quem entende o livro como uma antologia de poesias desconexas vê aqui uma possível cena erótica. Mas se a interpretação de Cântico como uma poesia lírica for a mais correta, então o texto descreve um passeio fora do palácio, um contexto com o qual ela se identificava com maior facilidade: a floresta. O ponto de encontro deles era um pasto verdejante dentro da floresta, com cedros cujos galhos eram como as vigas da sua "casa". Se ela descreve o lugar em que primeiro se conheceram, ou se retrata um passeio fora da corte e do palácio, não fica claro no texto.

Em tudo descobrimos a importância do diálogo, dos elogios, da apreciação mútua, da gratidão de um pela vida do outro e, acima de tudo, do caráter transformado por Deus.

IV. MONÓLOGO DA SULAMITA (2:1)

> [1] Eu sou a rosa de Sarom, o lírio dos vales.

Nesse lugar rural, ela faz uma declaração um tanto enigmática. Diz que se identificava com uma flor do vale. A palavra traduzida "rosa" só

---

[8] נָעִים (*naim*). Veja também 2Samuel 1:23; 23:1; Jó 36:11; Salmos 16:6,11; 81:3; 133:1; 135:3; 147:1; Provérbios 22:18; 23:8; 24:4.

ocorre uma outra vez no Antigo Testamento (Isaías 35:1), onde é traduzida por "narciso" em várias versões. Sarom era uma planície fértil na costa norte da Palestina.

Deere observa que ela se identifica humildemente com uma flor comum, linda, mas um tanto corriqueira; um lírio entre outros.[9] Note que a Sulamita se refere a si mesma como uma flor selvagem do vale, com a beleza de uma vegetação natural em vez daquela dos jardins cuidadosamente cultivados e cuidados no palácio.[10] Sua declaração reflete um contraste significativo à sua avaliação pessoal anterior de "morena" ("queimada"; cf. 1:5-6), talvez como reflexo do amor que Salomão lhe dera (1:9,10,15). Agora ela se vê pelos olhos dele (cf. Provérbios 31:29-31)![11]

É importante observar que absolutamente nada nesse texto, nem no Novo Testamento, identifica a flor com Jesus; é a noiva, não o noivo que se descreve como "rosa de Sarom". O texto a retrata, sim, como humilde e atraente, descrições que se aplicam a Jesus (cf. Mateus 11:28-30), mas que dificilmente refletiriam a intenção do autor bíblico aqui.

V. ELOGIO POR SALOMÃO (2:2)

[2] Como um lírio entre os espinhos, assim é a minha querida entre as donzelas.

Seguindo a metáfora das flores, Salomão responde corrigindo-a carinhosamente. Para ele, ela não é uma flor qualquer entre tantas outras. Ela é única (cf. 1:9), incomparável, uma flor solitária entre todas as outras mulheres que eram espinhos em relação a ela. Essa

---

[9] Jack S. DEERE, "Song of Songs", p. 1014. Segundo PATTERSON (*Song of Solomon*, p.45), o "lírio dos vales" é uma delicada flor branca com seis folhas e seis pétalas, que pode atingir até um metro ou mais de altura. Sua imagem era gravada nos pilares e em outros enfeites dos móveis do Templo (cf. 1Reis 7:19,22,26), e estava associada a festas nupciais (cf. salmo 45, cujo título utiliza o plural *shoshannim* para se referir a essa flor em festas matrimoniais.) Lírios também são mencionados muitas vezes no livro: 2:1,2,16; 4:5; 5:13; 6:2-3; 7:2.

[10] Paige PATTERSON, *Song of Solomon*, p. 45.

[11] Jack S. DEERE, "Song of Songs", p. 1014; S. Craig GLICKMAN, *Solomon's Song of Love*, p. 39.

descrição nos faz lembrar do que ela disse quando o descreveu como um buquê de flores no meio do deserto (1:14) e a descrição inicial que ele fez dela como "égua entre as carruagens de Faraó" (1:9). Agora, ele intensifica o elogio: se antes ela era como égua entre muitos cavalos de guerra (uma mulher em meio aos homens), agora ela é uma flor entre tantos espinhos (uma mulher em meio às mulheres). Isso nos lembra do que o marido diz à mulher virtuosa em Provérbios 31:29: "Muitas mulheres são virtuosas no que fazem, mas você supera todas elas". Podemos dizer que, nessa altura, cada um só tinha olhos para o outro.

VI. ELOGIO E APELO DA SULAMITA (2:3-6)

> ³ Como a macieira entre as árvores do bosque, assim é o meu amado entre os jovens. Desejo muito a sua sombra e debaixo dela me assento, e o seu fruto é doce ao meu paladar.
> ⁴ Ele me levou à sala do banquete, e o seu estandarte sobre mim é o amor.
> ⁵ Sustentem-me com passas, confortem-me com maçãs, pois estou morrendo de amor.
> ⁶ A sua mão esquerda está debaixo da minha cabeça, e a direita me abraça.

Esse texto chega ao ápice com a intensificação dos elogios e das expressões de paixão por parte da Sulamita. Isso se manifesta pela linguagem enfaticamente poética, cheia de figuras de linguagem.

O versículo 3 descreve o descanso e a proteção que ela encontrava no amor dele. Pela segunda vez, ela o destaca como único entre todos os homens, assim como uma árvore frutífera (macieira) no meio de uma floresta (v. 3). Ou seja, entre árvores que só davam folhas, ele dava frutos! Todo homem deve almejar ser esse tipo de marido segundo avaliação da própria esposa. Como o apóstolo Paulo apontaria mais tarde, somos quem somos no contexto do lar; se a própria família atesta nosso caráter digno (mesmo que não perfeito), podemos ter certeza de que a nossa fé é verdadeira (cf. Efésios 5:18—6.9; 1Timóteo 3:1-5).

O desejo intenso da Sulamita era descansar na sombra dele e desfrutar das delícias do seu fruto doce. Existia confiança e dependência mútua entre o casal. Patterson comenta: "O amor sexual, para ser tudo que Deus tencionou, precisa ser construído sobre qualidades como admiração sincera (1:3), confiança absoluta e dependência".[12]

A Sulamita, que no passado havia trabalhado tanto debaixo do sol escaldante, agora descansa debaixo da sombra protetora do amado e se deleita com o "fruto" dele.

No versículo 4 ela aprecia o fato de o amor dele não ser um namoro escondido. Ele tinha orgulho dela e queria que todo mundo soubesse de sua paixão pela amada, levando-a à sala real de banquetes como sua convidada de honra.

A tradução "sala do banquete" é um pouco livre, pois o texto literalmente diz, "casa do vinho", expressão que ocorre somente aqui no Antigo Testamento. Carr sugere duas possibilidades para a frase: primeiro, pode representar a vinha, lugar em que as uvas crescem, imagem bem coerente com a figura de vinhas e jardins no livro; ou segundo, pode se referir ao lugar em que o vinho era servido, que seria a sala do banquete.[13] Em ambos os casos, o paralelismo com a ideia do estandarte na segunda linha sugere um lugar aberto, público e visível.

A Sulamita descreve o amor dele como uma bandeira ("estandarte") que declara seu amor por ela. O estandarte era um símbolo usado para reunir as tribos de Israel, como uma bandeira (cf. Números 2:3,10,18,25; 10:14,18,22,25). Também sinalizando o lugar em que as tropas deveriam se congregar em meio à batalha. Indicava posse e proteção, às vezes sendo pendurado no muro de uma cidade, identificando sua lealdade e garantindo a proteção dela. A ideia é que a Sulamita encontrava segurança e exclusividade no amor de Salomão.[14]

Muito embora esse versículo tenha sido aplicado para o relacionamento entre Jesus e a igreja, não é esse o foco. Entendemos que um dia Jesus nos levará para um banquete na casa do Pai — as bodas do

---

[12] Paige PATTERSON, *Song of Solomon*, p. 47.
[13] G. Lloyd CARR, *The Song of Solomon*, p. 90.
[14] Paige PATTERSON, *Song of Solomon*, p. 47.

Cordeiro —, e que seu amor foi publicamente declarado em sua morte na cruz (João 3:16; Romanos 5:8). O foco da declaração da Sulamita é a afirmação aberta, corajosa, orgulhosa e generosa do amor que o rei tinha por ela. Diferente de alguns casaizinhos que escondem seu "amor" (que não passa de paixão egoísta), o relacionamento deles não tinha nada a esconder.

Nos próximos versículos, a Sulamita quase desfalece de amor e, por isso, apela por sustento, para não desmaiar. É difícil saber se o pedido por passas e maçãs no versículo 5 era literal, para sustentação física, ou figurativo, referindo-se à presença sustentadora do amado que trazia refrigério para ela (cf. v. 3b, que diz que o fruto dele era doce ao paladar). É possível que a palavra "passas" deva ser traduzida por "bolo de passas". O termo ocorre somente quatro vezes no Antigo Testamento (2Samuel 6:19; 1Crônicas 16:3; Oseias 3:1), textos associados às festas religiosas e, às vezes, com conotações afrodisíacas (cf. também 1Crônicas 12:40).[15] De qualquer forma, a ideia é que ela quase desmaiava pela paixão que sentia por ele.

Finalmente, no versículo 6 encontramos novamente uma descrição da intimidade do casal. Se for traduzido no modo indicativo: "A sua mão esquerda está debaixo da minha cabeça, e a direita me abraça" (NAA, NVT), parece descrever o casal no início de uma relação sexual. Mas à luz da tradução do versículo anterior como um desejo, e dentro do contexto maior do livro, parece melhor entender o versículo 6 como a expressão de outro desejo (ainda não realizado): "Que a sua mão esteja, que ele me abrace" (RA, A21, NVI).[16] Ela não vê a hora de estar novamente com o amado, mas como a esposa dele, para ser envolta por seus braços. O termo "abraçar" do final do versículo foi usado treze vezes no Antigo Testamento para se referir a pessoas que "se agarraram" mutuamente; em Provérbios 5:20 foi usado no contexto de união sexual. Nesse caso, o versículo 7 faz mais sentido como um apelo às amigas para ajudá-la a não ser precoce na intimidade, mas, sim, esperar o momento certo.

---

[15] Jack S. DEERE, "Song of Songs", p. 1014; G. Lloyd CARR, *The Song of Solomon*, p. 92.
[16] A gramática permite ambas as traduções.

Aplicação

Jack Deere resume o texto e apresenta alguns pontos acerca do relacionamento conjugal:

> Primeiro, ela se sentiu protegida por ele. Sentar-se à sua sombra era uma metáfora para proteção, não somente na Bíblia, mas também na literatura do Oriente Médio Antigo. Ela tinha trabalhado debaixo do sol (1:6), mas agora gozava de descanso sob a proteção dele. Segundo, eles cultivavam o tipo de relacionamento que permitia que se conhecessem intimamente. A palavra "paladar" expressa conhecimento através de experiência pessoal (cf. Salmos 34:8). [...] Terceiro, a amada aprecia o fato de que Salomão deixava que outros observassem o amor dele por ela. Assim como um estandarte era facilmente visto pelas tropas enquanto marchavam, o amor de Salomão por ela era facilmente visto por qualquer um que observava o relacionamento. Ele não tinha vergonha dela, em vez disso, ele se deleitava nela, e esse fato ficou evidente para os outros. [...] Essas três qualidades — proteção pelo amado, intimidade com ele e demonstrações óbvias de amor — são fatores cruciais que permitem à mulher desenvolver um senso de segurança [...] e curtir um casamento estável.[17]

VII. REFRÃO: O APELO POR PACIÊNCIA (2:7)

⁷ Filhas de Jerusalém, jurem pelas gazelas e pelas corças
    selvagens que vocês não acordarão nem despertarão o amor,
    até que este o queira.

Pela primeira de três vezes, a amada clama às filhas de Jerusalém para não serem precipitadas no amor. Na realidade, seu apelo serve mais como uma forma de autoconfrontação. Diante da ardente expectativa de consumar seu amor com o amado, mas sabendo das saudáveis limitações estabelecidas por Deus, ela reitera o desejo de se manter

---

[17] Jack S. DEERE, "Song of Songs", p. 1014.

paciente e pura até o dia em que sua paixão poderá ser consumada. Ou seja, há um momento para o amor se concretizar, e há um momento em que ainda não deve ser concretizado.[18] Esse refrão constitui um dos polos teológicos do livro de Cântico.

A Sulamita faz as filhas de Jerusalém jurarem "pelas gazelas e pelas corças selvagens" (cf. v. 17; 3:5; 4:5; 7:3; 8:14), criaturas delicadas, tímidas e lindas que talvez representem a beleza do amor no tempo de Deus, que não deve ser apressado e espantado (cf. Eclesiastes 3:11).

É fascinante observar os momentos que o refrão se repete no livro. Em 2:7 e 3:5, aparece como autoaconselhamento para abafar o fogo do desejo sexual que se intensificava antes do casamento. Ryken diz que "a forma da declaração é de uma ordem, efetivamente uma autorrepreensão visando à paciência (mesmo sendo direcionada às filhas de Jerusalém)".[19] Depois, em 8:4, o refrão se repete depois das núpcias na forma de um conselho de uma mulher experiente e casada dirigido às jovens, enfatizando a importância de ser paciente no amor (8:7ss).

O apelo às filhas de Jerusalém de não acordar nem despertar o amor até a hora certa tem sido interpretado de outras maneiras. Alguns, que entendem o livro como uma série de poesias desconexas, acham que o apelo é para ninguém interferir na intimidade da relação do casal, acordando o amado antes da hora. Mas, o termo "amor" descreve o conceito genérico de amor, e não "amado", como teria de ser, se essa fosse a interpretação correta.

O apelo serve a um propósito didático no livro, lembrando o leitor de que o amor não pode ser forçado e precisa ser esperado pacientemente, debaixo da soberania de Deus (cf. Eclesiastes 3:1-11).[20]

A ideia de não acordar o amor é não apressar o relacionamento e desfrutar de privilégios e direitos que somente pertencem aos casados (Gênesis 2:24; 1Tessalonicenses 4:3-8; Hebreus 13:4). Apressar o amor seria forçar uma flor a se abrir, descascando as pétalas antes da hora. No fim, a beleza da flor e as próprias pétalas se destroem.

---

[18] Carlos Osvaldo Pinto, áudio, maio-junho 2011.
[19] Leland RYKEN, *Words of Delight*, p. 286.
[20] Jack S. DEERE, "Song of Songs", p. 1015.

A princípio, não é fácil entender por que o juramento é feito "pelas gazelas e corças selvagens". Certamente a imagem campestre predominava na mente da amada. Ryken sugere que a menção a esses animais é porque tendem a ser criaturas tímidas e, sendo assim, apropriadas para um apelo à paciência e não agressividade no relacionamento amoroso.[21]

O refrão marca uma transição no texto, entre o aprofundamento (1:12—2:7) e o amadurecimento do amor (2:8—3:5), que nos levará à porta do casamento.

CONCLUSÃO

Neste mundo devastado pelos resultados do pecado, cada casal enfrentará desafios tremendos na tentativa de cultivar um relacionamento saudável e que glorifica a Deus. Em cada etapa do relacionamento, os desafios serão diferentes. Infelizmente, conforme observou o reformador João Calvino, o coração humano é uma fábrica de ídolos. A tentação de erguer o cônjuge, o casamento, a família e os filhos como ídolos também precisa ser evitada.

As ameaças ao relacionamento a dois incluem impaciência e imoralidade. Nós mesmos somos alvos fáceis para os dardos inflamados do nosso inimigo, o Diabo. Em Cristo, porém, é possível resistir à tentação de correr na frente no relacionamento, ignorando a palavra de conselheiros sábios, amigos e autoridades em nossa vida, desconsiderando as luzes vermelhas que se apresentam. Em Cristo encontramos a força para dizer "não" ao pecado e "sim" ao Espírito ao negarmos os desejos da carne. Nossa nova posição e identidade em Cristo nos fazem morrer para as paixões da carne e reviver para novidade de vida (Efésios 4:20-24).

Fazemos bem em lembrar que o amor bíblico é um refúgio de proteção para o amado. O homem deve ser o protetor da esposa. A mulher deve oferecer um "porto seguro" para o marido. Como vemos na história de Adão e Eva no jardim, Adão não protegeu a esposa, mas a culpou e a expôs à morte, e isso para salvar sua própria pele. Eva, por sua vez, falhou como auxiliadora idônea e incitou seu marido a pecar.

---

[21] Leland RYKEN, *Words of Delight*, p. 286.

Graças a Deus, em Cristo encontramos o modelo e o poder do amor verdadeiro. Ele, que estendeu seus braços na cruz do calvário para proteger a amada igreja, hoje chama homens para serem o Adão que Adão nunca foi. Em Cristo, a mulher pode ser a Eva que Eva nunca foi. Até casais de namorados e noivos podem experimentar as primícias desse tipo de amor paciente e protetor, que visa ao bem do outro antes do próprio.

APLICAÇÃO FINAL

1. O amor supera as ambivalências e inseguranças de forma verbal e honesta, sem bajulação.
2. O amor considera o amado alguém único entre todos os outros "concorrentes". "A beleza está nos olhos de quem vê!"
3. Atração física é importante, mas não é tudo. A "lei da velhice" é universal![22] Se o relacionamento não for baseado na atração pelo interior, pelo caráter, terá dificuldade em superar as crises da vida.
4. O homem sábio proporciona proteção, descanso e segurança para sua amada. Deixa evidente para todos que tem olhos somente para ela. Em Cristo, o último Adão, o marido cristão pode ser o protetor da esposa como o primeiro Adão nunca foi (cf. Gênesis 3:12).
5. A mulher sábia descansa e confia no amado e também o elogia por sua aparência e seu caráter.
6. O amor verdadeiro não se apressa. Paciência na pureza é uma fórmula para ter sucesso em relacionamentos sérios. O tempo é nosso maior aliado em relacionamentos duradouros.

GRANDE IDEIA
O relacionamento conjugal cresce por meio de afirmações outrocêntricas de amor genuíno.

---

[22] Carlos Osvaldo Pinto, áudio, maio-junho 2011.

seção 4

A expectativa do amor: renovação

CÂNTICO DOS CÂNTICOS 2:8 – 3:5

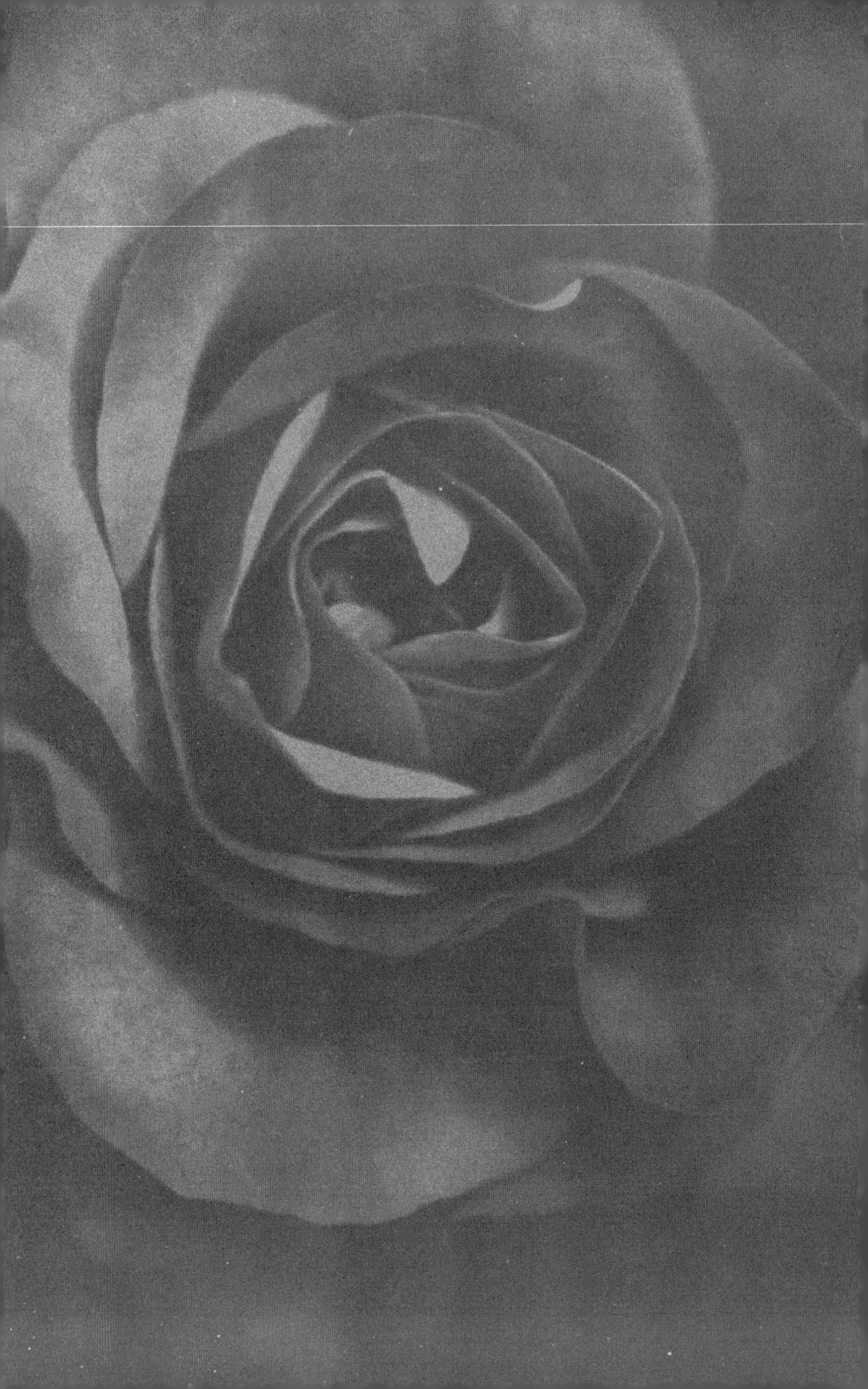

GUIA DE ESTUDO 4

▶ **Instruções para o facilitador**

O foco deste estudo é a renovação do amor depois de períodos de afastamento e/ou esfriamento; algo que acontece em todos as relações, tanto antes como depois do casamento. As "raposinhas" sempre procuram devastar as flores do amor, mas o compromisso para com os votos conjugais fornece uma proteção contra elas.

O texto tratará primeiro da renovação do amor depois de um período de distanciamento; depois, apontará ameaças que precisam ser vencidas pelo casal.

Esteja pronto para ajudar os casais a lidarem com a realidade de tempos difíceis e a se lembrarem da esperança que temos em Cristo.

▶ **Propósito do estudo**

Levar os membros do grupo a reconhecer a importância de paciência e perseverança em meio a ameaças ao amor.

▶ **Objetivos**

No fim do estudo, os membros do grupo devem:
1. Entender que todo casamento passará por períodos difíceis.
2. Identificar "raposinhas", ou seja, dificuldades que ameaçam o relacionamento a dois.
3. Renovar seu compromisso para com os votos de exclusividade como passo fundamental para enfrentar as dificuldades inevitáveis no relacionamento.

▶ **Sugestão de dinâmica inicial**

Leia a citação do livro clássico de C. S. Lewis, *Cartas de um diabo a seu aprendiz*, que se encontra no do Comentário 4. Levante a questão de quem é o pai do prazer: Deus ou Satanás? Use essa discussão para tratar da beleza do amor criado por Deus e das investidas do inimigo para estragar esse plano perfeito.

▶ **Perguntas para discussão**

1. Leia Cântico 2:8-14. O estudo anterior mostrou como o amor cresce, com o passar do tempo, pela apreciação mútua. Mas o tempo também implica em momentos de distanciamento que o amor também precisa superar. Note como o texto apresenta mais uma etapa no amadurecimento da relação, depois do inverno e uma separação temporária do casal.
   a. O que está acontecendo nos versos 8 e 9? A que o amado é comparado? De que maneira bem-humorada ele é apresentado?

2. Leia os versos 2:10-14. Quais sinais indicam que se passou um tempo desde a última vez que os dois estavam juntos?
   a. Quais são os sinais da primavera no texto? Qual é a relação entre a primavera e o relacionamento do casal?
   b. Note que por duas vezes o noivo faz um convite: "Levante-se, venha" (v. 10,13). Essa iniciativa representa um esforço para renovar o amor deles. Qual é a importância de iniciativas para promover oportunidades de renovação do amor conjugal? Como isso pode acontecer?

3. No final do verso 14, o noivo diz, "deixe-me ouvir a sua voz". Infelizmente, com o passar do tempo, o casal não tem tanto prazer em ouvir a voz do outro como tinha no namoro e noivado. Casais precisam cultivar o hábito de conversar em vários níveis. De qual maneira o casal pode renovar a comunicação e o prazer em dialogar um com o outro? Veja também Provérbios 18:1-2.

4. Leia Cântico 2:15-17. No verso 14, o noivo comparou a noiva a uma pomba temerosa, escondida entre as rochas e com medo de se expor. O versículo 15 oferece uma explicação do porquê: raposas perigosas andavam no pedaço, ameaçando o relacionamento! Por isso, um deles clama por ajuda (o texto literalmente diz, "Peguem para nós as raposas", e não "apanhai-me as raposas", como aparece em algumas versões). Qual é a importância de conselheiros, amigos

e mentores na vida do casal? Como a igreja pode preparar e socorrer casais diante dos inevitáveis ataques de "raposas"?

5. As ameaças ao relacionamento a dois surgiram com a entrada do pecado na história humana, descrita em Gênesis 3. Conflito conjugal, concorrência entre os casais, "dedo-duro", dificuldades na criação dos filhos, inversão dos papéis e muitos outros constituem "raposinhas" no relacionamento outrora harmonioso. Quais "raposinhas" ameaçam hoje o jardim do amor dos casais?

6. Leia novamente Cântico 2:16. Essa é a primeira ocorrência do refrão de pureza e de exclusividade: "O meu amado é meu, e eu sou dele". Esse refrão se repetirá com pequenas (mas importantes) variações mais duas vezes no livro (6:3; 7:10). Note no contexto como essa declaração de exclusividade e compromisso constitui a primeira linha de defesa contra as raposas!
   a. Como o reconhecimento de que cada um pertencia exclusivamente ao outro forneceu proteção ao relacionamento conjugal?
   b. Até que ponto a ideia da exclusividade e pureza aplica-se a jovens solteiros (como é o caso dos noivos em Cântico; cf. 1Tessalonicenses 4:3-8)? Como os pais podem ajudar seus filhos a se guardarem para seu "príncipe (ou princesa) encantado(a)"?

   Leia a seguinte declaração e comente:

   > Todo casal enfrenta raposinhas. Aqueles que desistem facilmente nunca chegarão ao pleno amadurecimento do amor. Mas outro fim aguarda aqueles que não veem outra opção que não seja enfrentar juntos seus problemas, estender o perdão ao outro, contar com o Senhor para edificar sua casa, sem sequer contemplar a separação ou o divórcio. Compromisso vence conflitos, sempre!

8. Leia Cântico 3:1-4. Note a mudança de cena. Alguns acham que o texto trata de um sonho da noiva; outros, que o texto simplesmente

revela o desespero dela diante da possibilidade de mais uma separação do casal, e isso logo antes das núpcias. A divisão entre os capítulos é um pouco infeliz, pois o texto segue falando das ameaças ao relacionamento do casal, relatadas a partir de 2:8 (a separação é uma das "raposinhas" no relacionamento). Mais uma vez, a solução do afastamento está no compromisso mútuo: "Agarrei-me a ele e não o deixei ir embora" (v. 4). Como esse compromisso reflete a definição bíblica do casamento de Gênesis 2:24?

9. Leia Cântico 3:5. O "refrão da paciência" ocorre pela segunda vez aqui (veja 2:7). Novamente vem após uma declaração intensa de paixão e desejo por parte da noiva. Apressar o amor (físico) pode significar estragar o amor. Diante disse, avalie esta declaração: "Deus reserva os maiores prazeres matrimoniais e amorosos para aqueles que sabem esperar o tempo dele. Mas mágoas e ressentimentos esperam os que adiantam o tempo de Deus nos relacionamentos românticos". Leia também Hebreus 13:4.

10. Como os jovens podem trabalhar a paciência em seus relacionamentos românticos? Como os pais podem ajudá-los?

▶ **Para oração**
Como grupo, clame a Deus por paciência e perseverança nas etapas de vida conjugal. Ore por disposição para, pelo compromisso para com os votos conjugais, enfrentar os inevitáveis momentos de dificuldade, separação e ameaças. Ore também pelos filhos, que saibam se guardar até encontrar a pessoa que Deus preparou para eles.

▶ **Para reflexão**
Qual é o papel do perdão em relacionamentos duradouros?

▶ **Tarefa final**
Leia o Comentário 4 antes do próximo encontro.

COMENTÁRIO 4

No clássico livro de C. S. Lewis, *Cartas de um diabo a seu aprendiz*, o autor cataloga uma série de correspondências fictícias entre um demônio chamado Maldanado e Vermelindo, seu sobrinho aprendiz. O demônio mais experiente doutrina o jovem nos métodos e nas estratégias de tentação aos seres humanos. Uma de suas cartas esclarece a natureza divina do prazer e ressalta uma das mensagens mais importantes do livro de Cântico: a sexualidade humana é invenção de Deus e não do Diabo:

> Meu caro Vermelindo:
> Nunca se esqueça de que quando estamos lidando com qualquer forma de prazer sadio e qualquer forma de satisfação normal, de certa forma estamos pisando no terreno do Inimigo. Eu sei que nós temos alcançado muitas almas através dos *prazeres;* mas não nos esqueçamos que todo *prazer* é invenção dele! Ele criou todos os *prazeres;* toda nossa pesquisa através dos séculos não foi capaz de criar uma única forma de *prazer*. Tudo que podemos fazer é encorajar os seres humanos a tomar os prazeres que o Inimigo criou de formas ou intensidades que Ele mesmo tenha proibido.
>
> Toda vez que tentamos trabalhar usando condições naturais de qualquer *prazer* que seja no mínimo natural, o mesmo começa a exalar aquele cheiro abominável do seu Criador, como nos lembrando que *pertence a* Ele. Um aumento considerável no desejo pela obtenção cada vez menor do prazer relacionado é a fórmula! Isto dá mais resultado, e é portanto o melhor estilo a adotarmos. Conseguir a alma do homem dando a ele NADA em troca — é o que realmente aquece o coração de Nosso Pai Lá de Baixo. E os caminhos são o tempo para o começo do processo.
>
> Seu afetuoso tio
> Maldanado[1]

---

[1] C. S. LEWIS, *Cartas de um diabo a seu aprendiz*, Carta IX.

O livro de Cântico exalta a boa dádiva de Deus que é o amor romântico entre um homem e uma mulher durante uma vida e dentro do plano do Criador. Como já vimos, o tempo é nosso maior aliado em relacionamentos duradouros. As sementes do amor germinam, crescem e dão fruto, e isso inevitavelmente envolve paciência e tempo. A diferença entre um pé de mamão e um carvalho é tempo — e qualidade!

Depois de um período de espera, o amor do casal de Cântico amadureceu com a chegada da primavera, a época do despertamento do amor, quando Salomão busca novamente a Sulamita e a convida para passear com ele (2:8-14).

É fascinante observar que o povo judaico lê o livro de Cântico durante a celebração da Páscoa, que, no hemisfério do norte, cai na primavera. Tanner sugere que a razão pela qual Cântico é lido nessa festa é que o targum judaico[2] interpretava Cântico como um retrato da história de Israel a partir do êxodo, evento associado à festa da Páscoa (Êxodo 12).[3] Outros fatores incluem o detalhe de que o texto menciona Faraó e suas carruagens (1:9) e o renascimento do amor e da esperança (cf. 2:8-14). A interpretação alegórica do livro associa o amor romântico ao amor que Deus demonstrou por Israel no êxodo do Egito (cf. especialmente 2:10).

Nesse contexto, o casal reconhece novamente os efeitos da Queda sobre os relacionamentos humanos, pois "raposinhas" — tensões, ambiguidades e conflitos — ameaçam o avanço do amor. A convicção do compromisso mútuo ("o meu amado é meu, e eu sou dele", 2:16) vai longe na tentativa de afastar as "raposinhas".[4] Nesse contexto, o casal experimenta um desafio que todo relacionamento terá de enfrentar: a ausência do outro, a solidão e as saudades que dela resultam (3:1-4). Essa raposinha se afasta quando o casal se junta novamente, ainda que debaixo das restrições de pureza moral antes do compromisso final de casamento (3:5; cf. 1Coríntios 7:1-5; Hebreus 13:4).

---

[2] O targum são traduções e comentários da Bíblia Hebraica feitos em aramaico. [N. E.]
[3] J. Paul TANNER, "The History of Interpretation of the Song of Songs", p. 54.
[4] Algumas "raposinhas" que interferem na vida do casal ao longo do livro incluem: concorrência (1:4; 6:8); insegurança (1:5; 21); ausência (1:7, 3.1-4); pressa (2.7, 3.5); inverno/separação (2.11); rotina (5.2-8).

Encontramos no texto dois passos no avivamento do amor do casal: a renovação do amor depois de um intervalo e as ameaças ao amor (as "raposinhas").

I. A RENOVAÇÃO DO AMOR (2:8-14)

No texto anterior, o amor do casal se aprofundou enquanto cada um expressava sua apreciação pelo outro, ressaltando o fato de que o considerava único entre tantos candidatos. Tanto a aparência física como o caráter nobre foram destacados como ingredientes para o amor. O texto terminou com um apelo para as "filhas de Jerusalém" cooperarem no esforço da Sulamita de não apressar o amor antes da hora determinada por Deus, ou seja, as núpcias (2:7).

A próxima estrofe do Cântico terminará com esse mesmo apelo às filhas de Jerusalém, logo antes da procissão matrimonial (3:5). Entre os dois refrãos há um intervalo que contribui para o amadurecimento do amor. Como já mencionamos, o tempo é nosso maior aliado em relacionamentos duradouros.

Se as cenas anteriores aconteceram principalmente no ambiente que Salomão se sentia mais à vontade — na corte e no palácio (com possíveis exceções em 1:14; 2:1-3,16b,17) —, agora o cenário muda drasticamente para o campo, terra natal da Sulamita. No texto, a intensidade do desejo de estarem juntos cresceu.[5] Agora é primavera, estação historicamente associada com o despertar do amor.

A. A nova primavera do amor (2:8-9)

> [8] Ouço a voz do meu amado. Eis que ele vem, saltando sobre os montes, pulando sobre as colinas.
>
> [9] O meu amado é semelhante ao gamo ou ao filho da gazela. Eis que ele está detrás de nossa parede, olhando pelas janelas, espreitando pelas grades.

---

[5] Jack S. DEERE, "Song of Songs", p. 1015.

Primavera é a estação para os namorados: tudo é novo, refrescante, inebriante. Tudo tem uma nova perspectiva. O inverno tem seu lugar: preparar o caminho para a primavera.[6] E novo amor traz nova vida.

Aparentemente, houve um intervalo no texto e no relacionamento. Ela estava com saudades e queria muito ouvir a voz dele (v. 8). No namoro e no noivado, temos tanto desejo de ouvir a voz do amado que ficaríamos encantados até mesmo com uma leitura que ele fizesse de uma bula de remédio ou da lista telefônica!

O versículo 8 é quase cômico. A Sulamita chama atenção para a cena: "Eis" ou "Vede!" ela diz às amigas.[7] Descreve o amado como um bezerro recém-solto depois de um inverno inteiro trancado em um celeiro. Ele vem saltando, pulando, mal conseguindo se conter pela alegria de encontrá-la novamente. A nova vida da primavera está correndo pelas suas veias, e sua primeira aventura será visitar a amada.

No versículo 9, pela segunda vez ela chama atenção de quem quiser ouvir: "Vede!". Descreve então cada passo da chegada dele para visitá-la. Ora atrás do muro, ora olhando pelas janelas, tentando conseguir um vislumbre da sombra dela. O uso do plural "janelas" e "grades" talvez sugira que ele esteja passando de um para o outro, esperando alguma chance de vê-la.[8] A comparação ao gamo ou ao filho da gazela traz a ideia de ousadia misturada com timidez, força e beleza, junto com as marcas da inexperiência.[9] Tudo isso faz o coração da donzela também cantar e pular de alegria.

B. O convite do amado (2:10-14)

[10] O meu amado fala e me diz: Levante-se, minha querida, minha linda, e venha comigo.

[11] Porque eis que passou o inverno, a chuva cessou e se foi,

[12] aparecem as flores na terra, chegou o tempo de cantarem as aves, e já se ouve a voz da rolinha em nossa terra.

---

[6] N. C. Wilson em seu livro *Notas da Xícara Maluca* diz: "Deixe o inverno vir. É o único caminho para a primavera" (Brasília: Monergismo, 2017, p. 70).

[7] A NAA traduz הִנֵּה (*hinneh*) como "Eis" nos versos 8 e 9.

[8] G. Lloyd CARR, *The Song of Solomon*, p. 96.

[9] Carlos Osvaldo Pinto, áudio, maio-junho 2011.

¹³ A figueira começou a dar seus figos, e as vinhas em flor
exalam o seu aroma. Levante-se, minha querida, minha linda,
e venha comigo.
¹⁴ Minha pombinha, escondida nas fendas dos penhascos,
no esconderijo das rochas escarpadas, mostre-me o seu
rosto, deixe-me ouvir a sua voz; porque a sua voz é doce,
e o seu rosto é lindo.

Finalmente, o amado chega à casa da Sulamita, provavelmente um lugar no norte de Israel, perto do Líbano. No início e no final do texto, ele a convida para um passeio: "Levante-se, venha!" (v. 10,13).

Todo o texto pulsa com a energia renovada dele, simbolizada também pelo advento da primavera. Não menos de cinco vezes o texto mostra os sinais da primavera. Como Deere comenta,

> A descrição detalhada da primavera provavelmente foi dada para fazer mais do que simplesmente enfatizar a beleza do cenário. É provável que também descreva o relacionamento deles. Em um sentido, quando alguém se apaixona, o sentimento é como primavera, pois tudo parece refrescante e novo. O mundo é visto de outra perspectiva, que era como Salomão se sentia quando estava com a amada.[10]

Os sinais da primavera no texto incluem:

- O inverno passou e as chuvas pararam (v. 11). O termo usado para "inverno" aparece somente aqui no Antigo Testamento, e se refere à época das nuvens e chuvas entre março e abril.[11]
- As flores reapareceram (v. 12a).
- As aves voltaram a cantar (v. 12b). "Rolinha" parece ser um pássaro migratório cuja presença anunciava o retorno da primavera (cf. Salmos 74:19; Jeremias 8:7).

---

[10] Jack S. DEERE, "Song of Songs", p. 1015.
[11] Idem.

- A figueira começou a dar os frutos; podem ser figos do ano anterior que permaneceram nos galhos e amadureceram na primavera, ou brotos comestíveis que apareciam em março (v. 13a).[12]
- O cheiro suave das flores das vinhas espalhava-se pelo ar (v. 13a).

O texto vibra com o desperta dos sentidos! Então, o amado repete seu convite: "Levanta-se, minha querida, minha linda, e venha comigo!" (v. 13b).

Finalmente, no versículo 14, ele persuade-a a deixar sua casa confortável para passear com ele. Compara-a novamente à pomba (cf. 1:15; 4:1; 5:2,12; 6:9), que gosta da segurança e proteção do conhecido — as fendas das rochas e os esconderijos. Ele, porém, está pronto para aventuras, e a maior delas é ver a amada e ouvir sua voz. A palavra traduzida por "rosto" deve ser entendida como "aparência", ou seja, ele quer vê-la por completo.[13] Entendemos pelas entrelinhas que ele venceu a timidez dela, que saiu para caminhar com ele.

Aplicação

Algumas aplicações surgem desse primeiro passo de amadurecimento do amor:

1. O desenvolvimento do amor exige tempo juntos.
2. É fácil e natural, quando duas pessoas se amam, querer ouvir a voz do amado. Infelizmente, com o passar do tempo, esse desejo pode diminuir. Casais precisam cultivar o hábito, com prazer, de conversarem em níveis mais profundos. Um ambiente familiar em que a graça de Deus reina e garante aceitação incondicional dentro de um compromisso inviolável para com o pacto conjugal proporciona segurança e liberdade. Permite aprofundar a intimidade na esfera do coração, na qual ninguém precisa usar máscaras.

---

[12] Idem.
[13] G. Lloyd CARR, *The Song of Solomon*, p. 101.

3. O amor passa por estações que exigem renovação e que trazem alegria e expectativa.

II. AS AMEAÇAS AO AMOR (2:15—3:5)

Em meio a tanta euforia pela chegada da primavera e, ainda mais pela chegada do amado à casa da Sulamita, uma nota de realismo entra na sinfonia de amor. O texto continua, levantando dois grandes desafios ao pleno amadurecimento do amor: as chamadas "raposinhas", que representam todas as dificuldades e interferências que ameaçam o casal; e a própria solidão, causada pela ausência de um ou de outro. Nesse contexto, o texto repete dois conselhos que constituem a melodia central do livro: a exclusividade do amor ("o meu amado é meu, e eu sou dele", 2:16) e a paciência do amor ("não acordar nem despertar o amor, até que este o queira", 3:5).

A. O primeiro desafio: as raposinhas (2:15)

> [15] Peguem as raposas, as raposinhas, que devastam os vinhedos,
> porque as nossas vinhas estão em flor.

No verso 13, o texto apresentou um sinal da primavera (e da renovação do amor): as vides em flor. No verso seguinte, a noiva foi reticente, como uma pomba escondida na segurança das rochas. Agora entendemos por que.

Esse, um dos textos mais conhecidos e citados do livro, fala de uma realidade sombria: raposinhas que devastam os vinhedos em flor. Todos os relacionamentos, desde a Queda, passam naturalmente por altos e baixos. Não deveríamos nos assustar quando as raposinhas aparecem no relacionamento.

Quase todos os comentaristas reconhecem nesse verso uma figura que representa os problemas que ameaçam o relacionamento. Na época, raposas eram comuns na Palestina e bem conhecidas pela sua capacidade de destruir plantações. O texto não deixa claro quem fala, mas um dos noivos apela por ajuda em nome do casal: "Peguem as raposas". Alguns sugerem que a Sulamita apela ao amado para tomar a frente na resolução do problema. Outros pensam que a fala é das filhas de Jerusalém. Notável no texto é o pronome pessoal "nós" ("as *nossas* vinhas estão em flor"), mostrando que a resolução dos problemas, grandes e pequenos, é de interesse de ambos.[14]

Essa é a primeira menção direta de possíveis dificuldades entre o casal, mas há outras no livro. Tanner sugere que a própria existência de outras mulheres na corte — as "filhas de Jerusalém" (que alguns identificam com as rainhas e concubinas de Salomão — 1:3,5,6; 6:8; cf. 1Reis 11:3) — talvez seja a principal tensão.[15]

Há outros possíveis sentidos para essas raposinhas? S. Craig Glickman, num texto clássico, sugere alguns problemas que facilmente se levantam e afastam o casal.

> As raposas representam os muitos obstáculos ou tentações que afligiram amantes pelos séculos. Talvez seja a raposa do desejo desenfreado, que afasta o casal pela culpa. Talvez a raposa de desconfiança e ciúmes, que quebra o elo de amor. Ou talvez a raposa do egoísmo e orgulho, que faz com que um se recuse a reconhecer suas falhas diante do outro. Ou talvez um espírito magoado, que não aceita o pedido de perdão do outro. Essas raposas têm devastado as vinhas há anos e o fim do seu trabalho ainda não foi visto.[16]

Para entender melhor a presença de "raposinhas" devastando o jardim do amor, basta voltar para o primeiro jardim, no Éden. Lá, as investidas de Satanás sujaram o espelho da imagem de Deus refletida no relacionamento a dois (Gênesis 1:27). Os efeitos imediatos da Queda foram sentidos no relacionamento do casal. A inversão dos papéis (Gênesis 3:1-6); a vergonha pela nudez (inocência perdida; v. 7); a cumplicidade em fugir do Criador (v. 8); a culpa e a acusação mútua (v. 12) e o conflito conjugal (v. 16b) invadiram o mundo

---

[14] RA traduz אֶחֱזוּ־לָנוּ (*errezu lanu*) por "Apanhai-ME" as raposas, mas o texto original diz "apanhai para NÓS".
[15] J. Paul TANNER, "The History of Interpretation of the Song of Songs", p. 149.
[16] S. Craig GLICKMAN, *Solomon's Song of Love*, p. 49-50.

como resultado da entrada do pecado na nossa história. A única solução naquele momento, e ainda hoje, foi a promessa do Redentor; uma semente da mulher, Jesus, que esmagaria a cabeça de Satanás — e das raposinhas no jardim de amor (v. 15).

Como lidar com as raposinhas? O texto traz algumas soluções, mas entendemos, à luz das Escrituras, que somente a graça de Cristo perdoando pecadores é capaz de transformar pecadores em perdoadores. A parábola do servo malvado, que recusou perdoar uma dívida insignificante em comparação com o perdão da sua dívida enorme, ilustra o princípio de que grande graça requer grande graciosidade. Para matar as raposinhas de mágoas e a falta de perdão, precisamos do amor de Cristo e de um coração sempre ciente da sua própria miséria e carência de perdão (Mateus 18:21-35).

B. A resolução: a exclusividade do amor e renovação do compromisso (2:16-17)

> [16] O meu amado é meu, e eu sou dele; ele apascenta o seu rebanho entre os lírios.
> [17] Antes que rompa o dia e fujam as sombras, volte, meu amado. Venha correndo como o gamo ou o filho das gazelas sobre os montes de Beter.

Logo após o apelo para "dar um jeito" nos problemas que eventualmente surgem entre o casal, a Sulamita toma alguns passos na mesma direção. Primeiro, ela reafirma sua confiança no compromisso mútuo do casal. Este é o segundo refrão repetido três vezes no decorrer do livro, a cada vez com diferenças sutis e gradativamente mais maduras: "O meu amado é meu, e eu sou dele" (2:16). Ela primeiro fala que possui o amado, depois diz que ela lhe pertence. Depois das núpcias, sua declaração será "Eu sou do meu amado, e o meu amado é meu" (6:3), falando primeiro que ela pertence ao amado e, depois, que o possui. Finalmente, na plena maturidade do amor, ela sequer menciona possuí-lo, mas simplesmente diz: "Eu sou do meu amado" (7:10). Essa progressão ilustra a beleza de um amor cada vez mais maduro por ser cada vez mais outrocêntrico — como o amor de Cristo (cf. Marcos 10:45; Filipenses 2:5-11)!

O refrão em si talvez seja o princípio mais importante na resolução dos problemas inevitáveis que surgem quando dois pecadores crescem em intimidade: o compromisso indissolúvel que mostra perseverança (cf. Gênesis 2:24). Todo casal enfrenta raposinhas. Aqueles que desistem facilmente nunca chegarão ao pleno amadurecimento do amor. Mas outro fim aguarda aqueles que não veem opção que não seja enfrentar juntos seus problemas, estender perdão ao outro e contar com o Senhor para edificar sua casa (Salmos 127:1) sem sequer contemplar a separação ou o divórcio. Esse compromisso para com os votos conjugais já traz glória para Deus! Podemos resumir dizendo que compromisso vence conflitos, sempre!

Mais uma vez, o texto destaca a mutualidade num contexto de exclusividade: "o meu amado é meu, e eu sou dele". É importante observar que, à luz da nossa interpretação de Cântico como um poema linear e progressivo, os dois ainda não se casaram. A noiva fala da exclusividade do seu amor, guardado antes da consumação do casamento. Ela se reservou exclusivamente para o amado. Mas reconhece a importância de preservar a pureza, sabendo que seu coração pertence a outro. Jovens solteiros precisam respeitar esse mesmo princípio. Mesmo que ainda não tenham encontrado o "amado" ou a "amada", se for a vontade de Deus que algum dia se casem, seu coração não lhes pertence. O nome do príncipe ou da princesa encantado(a) já está escrito em seu coração. Por isso, não devem se entregar de corpo e alma até o dia das núpcias.

O amor verdadeiro é exclusivo, pois crê que o plano divino inclui um homem para uma mulher, enquanto os dois vivem, para glorificarem a Deus pela sua união.

Poucas pessoas no mundo pensam desse jeito, mas, o que parece ser ainda mais triste, muitos na igreja também não concordam. No entanto, a Bíblia não nos dá base para pensar que a fidelidade conjugal começa somente depois do casamento.

O princípio não pode ser mais claro no plano perfeito de Deus: eu não sou meu, eu pertenço a outro! Cântico usa a figura de um jardim para descrever a noiva que soube guardar seu coração até o casamento: "Você é um jardim fechado, um manancial recluso, uma fonte selada" (Cântico 4:12). Mais tarde, o texto a descreve como um muro, resistente às seduções, em contraste a uma porta que deixa qualquer um entrar (Cântico 8:8-10). O ponto é que, mesmo antes de conhecer seu amado, ela se reservou exclusivamente para ele.

O Novo Testamento aplica essa verdade ao contexto do casamento, em que o corpo de um pertence ao outro: "A esposa não tem poder sobre o seu próprio corpo, e sim o marido; e também, de igual modo, o marido não tem poder sobre o seu próprio corpo, e sim a esposa" (1Coríntios 7:4). O apóstolo Paulo faz questão de romper com a cultura machista da época e insistir no outrocentrismo conjugal que caracteriza o matrimônio cristão. Nesse texto, Paulo veta a abstinência dentro do casamento e enfatiza que o corpo de cada um não lhe pertence, mas pertence ao cônjuge.

> As Escrituras deixam claro que a segurança fornecida por um relacionamento conjugal exclusivo e vitalício é justamente o que permite a satisfação e realização sexual tanto do homem quanto da mulher. Libertos do egocentrismo do pecado e do desejo de manipular o cônjuge para ver as próprias necessidades supridas, marido e mulher têm liberdade de amar o cônjuge com uma atitude de total desprendimento e, portanto, podem desfrutar um ao outro sem medo de rejeição, abuso ou dominação. O amor conjugal revela-se, desse modo, como realização do sonho de todo homem e mulher, mas não passa de ilusão para aqueles que não foram renovados e transformados pelo Espírito Santo mediante o arrependimento e fé em Cristo.[17]

Depois de declarar compromisso e exclusividade, a Sulamita acrescenta: "ele apascenta o seu rebanho entre os lírios" (2:16b). A metáfora pastoril já apareceu no livro (1:7-8), e aqui parece se referir ao descanso que eles encontravam juntos, debaixo da proteção que o

---

[17] Andreas J. KÖSTENBERGER; Robert JONES, *Deus, casamento e família*, p. 46-47.

compromisso indissolúvel fornece.¹⁸ Antes, no livro, ela mesma foi identificada como "lírio" (2:1-2).

Finalmente, como parte da solução, ela mais uma vez expressa o intenso desejo que tem de que o relacionamento se consuma — um desejo que ainda tem de ser refreado até o casamento (3:5). Apesar dos possíveis problemas que surgirão entre o casal, ela mantém o compromisso exclusivo para com ele, que um dia, no futuro próximo (cf. 3:6—5:1), será consumado. A restauração do relacionamento baseado no compromisso mútuo e o perdão de Cristo são sinalizados pela união física dos noivos.

A Sulamita prevê o momento em que poderão passar a noite toda juntos ("antes que rompa o dia e fujam as sombras"). Naquele dia, ele será semelhante a um cervo ou filho da corça que brinca nos montes. Há diferença de opinião sobre a identificação dos montes. Alguns traduzem o texto como "sobre os montes de Beter" (NAA; A21), "sobre os montes escabrosos" (RA), "colinas escarpadas" (NVI) ou "montes de separação" (NVI, nota de rodapé). Neste último caso, a referência talvez seja um eufemismo para descrever os seios dela, os "montes de separação" (cf. 8:14). Ou seja, ela quer que ele consume o relacionamento o quanto antes.

C. O novo desafio: solidão e saudades (3:1-4)

¹ De noite, na minha cama, busquei o amado de minha alma; busquei-o, mas não o achei.

² Eu me levantarei agora e rodearei a cidade, pelas ruas e pelas praças; buscarei o amado da minha alma. Busquei-o, mas não o achei.

³ Os guardas, que rondavam a cidade, me encontraram. Então lhes perguntei: "Vocês viram o amado da minha alma?"

⁴ Mal os deixei, encontrei logo o amado da minha alma. Agarrei-me a ele e não o deixei ir embora, até que o fiz entrar na casa de minha mãe e no quarto daquela que me concebeu.

---

¹⁸ Jack S. DEERE, "Song of Songs", p. 1016.

A divisão entre os capítulos aqui é um pouco infeliz, pois o texto continua falando sobre ameaças ao relacionamento do casal. Agora, a cena muda e a Sulamita relata o que alguns comentaristas alegam ser um sonho (pesadelo) que ela teve. O texto descreve uma causa de angústia comum entre os casais: a separação que cria saudades e deixa um sentimento de solidão.

É importante observar a crescente intimidade do casal. Quatro vezes em quatro versículos ela se refere a ele como "o amado de minha alma". Essas reafirmações do compromisso mesmo em meio à separação refletem a declaração de exclusividade anterior, "O meu amado é meu, e eu sou dele" (2:16).

Os estudiosos que não abordam Cântico como uma história de desenvolvimento linear, mas como uma coleção de poesias congregadas em volta do parágrafo central das núpcias, veem neste episódio uma experiência do casal já casado. Outros, contra a unanimidade do ensino bíblico sobre a sexualidade, sugerem que o casal já estava tendo relações antes do casamento. Aqui, entendemos que a Sulamita relata um episódio que refletia seus temores de separação. Seja um momento mais tarde em seu relacionamento, seja um pesadelo, o ponto central trata do medo da separação.

Depois do reencontro na primavera (2:8-14), a Sulamita teme um novo momento de separação. O aumento da alegria na presença do rei se transformou em aumento de tristeza com a ausência dele.

"De noite, na minha cama" indica que ela estava dormindo. Ela buscou o amado, mas não o encontrou (3:1). Presume-se que ele havia voltado para Jerusalém depois de encontrá-la na terra natal.

Na angústia de não encontrar o amado, ela saiu em busca dele, mas também não o achou (3:2). Perguntou aos guardas da cidade (3:3), que aparentemente também não sabiam do paradeiro do amado. Finalmente, ela mesma achou Salomão e, com desespero, agarrou-se nele sem sequer pensar em soltá-lo outra vez (3:4). Quando acha o amado, é evidente que o relacionamento entre eles havia se aprofundado muito, ao ponto de ela não querer deixá-lo mais.

Então ela o leva para o lugar mais seguro que conhecia — a casa da mãe — e para o lugar mais íntimo que ela conhecia — o quarto da mãe, onde ela mesma fora concebida. A palavra "quarto" normalmente se refere a um cômodo interior, particular, às vezes um quarto de núpcias (cf. 1:4; Gênesis 24:67 registra um evento semelhante entre Isaque e Rebeca). A ênfase está na unidade da família, da convivência familiar, e na intimidade de um lugar muito especial na história de vida da Sulamita: o lugar em que a vida dela começou.[19]

Assim, a solidão causada pela separação fez com que ela voltasse com o amado para um lugar de proteção, segurança e intimidade. Apesar das crises e da angústia causada por períodos de separação, o casal precisa renovar seu compromisso de se unir se novamente (cf. 1Coríntios 7:5).

D. A resolução: o apelo por paciência (3:5)

[5] Filhas de Jerusalém, jurem pelas gazelas e pelas corças
    selvagens que vocês não acordarão nem despertarão o amor,
até que este o queira.

Mais uma vez, o refrão marca uma divisão de estrofes em Cântico. O apelo da Sulamita às filhas de Jerusalém é igual ao que vimos (2:7) e aparece logo após a maior expressão de desejo pela consumação do relacionamento. O pedido é por força para resistir à tentação de consumar o relacionamento antes da hora. A próxima estrofe avançará em direção ao casamento e à consumação na relação íntima do casal. Grandes galardões esperam o casal que se mantém puro durante o período pré-nupcial!

Há muitas estrofes em Cântico dos Cânticos, mas somente duas se repetem três vezes como refrão no livro. Estão espalhadas no início, meio e fim do livro. Servem como "coros" que ecoam a mensagem do livro.

O primeiro refrão diz "não acordeis nem desperteis o amor, até que este o queira". Como vimos, a frase aparece pela primeira vez em 2:7: "Filhas de Jerusalém, jurem pelas gazelas e pelas corças selvagens que

---
[19] Paige PATTERSON, *Song of Solomon*, p. 61.

vocês não acordarão nem despertarão o amor, até que este o queira". Mais tarde, se repete em 3:5 e 8:4.

Três vezes, em momentos de intensa paixão entre a noiva e o noivo, ela exorta suas amigas sobre a natureza do verdadeiro amor. O amor verdadeiro sabe esperar e, por isso, pode desfrutar ao máximo as delícias que Deus tencionou para o casamento. Amor verdadeiro não é precipitado, precoce, adiantado ou impaciente. Não manipula as circunstâncias para "ganhar". Não precisa seduzir para chamar atenção para si mesmo. Não precisa "se entregar" com medo de perder o amado.

É interessante notar que a mensagem do nosso mundo é exatamente o contrário: o amor é precipitado, apressado e forçado, de modo que a pessoa que espera o tempo de Deus é considerada ultrapassada, estranha e talvez até sexualmente disfuncional. Que engano de Satanás! Que tristeza quando crianças de 8, 10, ou 12 anos "namoram", até com o incentivo de seus pais. Que pena quando adolescentes que não "ficam" são considerados extraterrestres pelos colegas. Que tragédia quando jovens universitários que ainda são virgens são marginalizados! Pior ainda quando as críticas vêm de pessoas da própria igreja!

A mensagem de Cântico é simples e clara: Deus reserva os maiores prazeres matrimoniais e amorosos para aqueles que sabem esperar o tempo dele, mas mágoas e ressentimento esperam os que adiantam o tempo de Deus nos relacionamentos românticos.

Tudo isso confere com o texto clássico de amor bíblico, 1Coríntios 13, que descreve o amor verdadeiro como: paciente, não arde em ciúmes, não se conduz de forma inconveniente, não busca os seus interesses, tudo sofre, tudo crê, tudo espera, tudo suporta (v. 4-7).

O livro de Hebreus bate na mesma tecla: "Digno de honra entre todos seja o matrimônio, bem como o leito conjugal sem mácula; porque Deus julgará os impuros e os adúlteros" (13:4).

Deus tem, sim, um plano maravilhoso para nossas vidas. Mas o medo de ficar na "solteirice" às vezes leva as pessoas para relacionamentos precipitados. A pressão dos outros também faz com que alguns baixem seu padrão. Quando esquecemos que Deus tem tudo sob controle, que Ele quer nosso bem e que Ele desperta o amor na hora certa, é fácil cair na tentação de tomar a situação em nossas mãos.

"Tudo tem o seu tempo determinado, e há tempo para todo propósito debaixo do céu. [...] tempo de abraçar, e tempo de deixar de abraçar. [...] Tudo fez Deus formoso no seu devido tempo" (Eclesiastes 3:1,5,11).

Quais são as implicações desse princípio do amor que espera?

Para jovens

- Espere o amor verdadeiro! Não ceda às pressões, precipitando-se no ficar, no namorar, no noivar, no se casar. É difícil esperar, às vezes parece difícil demais, mas Deus não permitirá que você seja tentado além da sua capacidade de suportar.
- Confie na soberania de Deus. Ele tem tudo sob controle, e tem um tempo determinado para você. Não pense que você ficará "encalhado" para o resto da vida se não "fizer a coisa acontecer".

Para pais

- Leve em conta a seriedade das emoções e dos sentimentos de seus filhos. São verdadeiros, mesmo que às vezes impensados.
- Mantenha portas abertas para conversar, aconselhar e dialogar com seus filhos sobre relacionamentos românticos e especialmente sobre a pureza moral.
- Proteja o coração dos seus filhos! Seja o "guardião da porta" do jardim deles (Cântico 4:12). Saia com seus filhos em particular para conversar e ouvi-los sobre suas questões do coração.

APLICAÇÕES

1. Há estações no amadurecimento do amor que exigem tempo juntos e, de quando em quando, renovação. Para casais casados, a participação de encontros e retiros de casais pode ser um bom tempo de recomeço (2:8,14).
2. O prazer em ouvir a voz do outro, ou seja, de comunicar, precisa ser cultivado em todos os casamentos (2:8,14).
3. Desde a entrada do pecado na história da raça humana, todos os relacionamentos, especialmente o relacionamento mais íntimo entre

casais, sofrem problemas e passam por altos e baixos. Não devemos nos assustar quando problemas aparecerem. Isso não deve ser causa de angústia, mas de renovação do compromisso mútuo (2:15).

4. O perdão que nós mesmos encontramos na graça de Cristo deve ser estendido para nosso cônjuge. Devemos adotar a atitude ensinada por Jesus (Mateus 18:21-35) e ilustrada por Paulo (1Timóteo 1:15) de que primeiro sou um miserável pecador que peca contra meu amado, somente depois disso sou alguém contra quem a outra pessoa pecou.

5. A reafirmação do compromisso de exclusividade ("O meu amado é meu e eu sou dele") é básico para a resolução de problemas entre o casal (2:16).

6. A entrega física ao amado sinaliza a restauração do relacionamento e o perdão pedido e concedido (2:17).

7. Solidão e saudades fazem parte de todo relacionamento e precisam ser superados pelo novo ajuntamento do casal (3:1-4).

8. Tempo, paciência e pureza continuam compromissos essenciais para relacionamentos saudáveis, e são recompensados pelo pleno desfrute do amor na hora certa (3:5).

GRANDE IDEIA

Deus reserva os maiores prazeres românticos para aqueles que sabem aguardar o tempo dele!

seção 5

A expressão do amor: pureza (a noite das núpcias)

CÂNTICO DOS CÂNTICOS 3:6—5:1

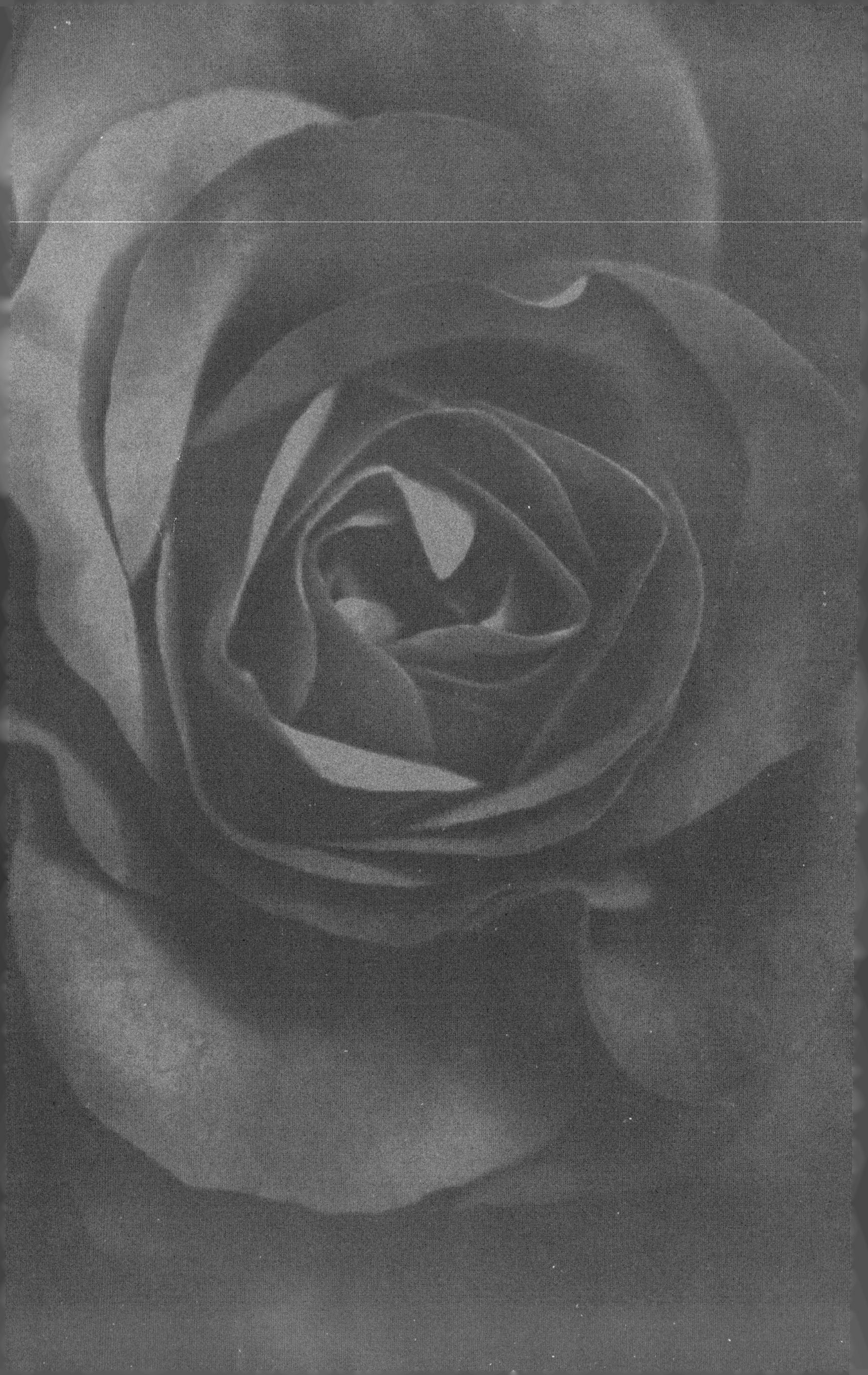

GUIA DE ESTUDO 5

▶ Instruções para o facilitador

Este estudo, que trata da noite de núpcias e da consumação dos votos conjugais, é mais delicado e exige bom senso e dignidade ao ser abordado, sem piadas chulas. O facilitador deve zelar por um ambiente leve, mas apropriado, ao tratar de assuntos que podem ser sensíveis para alguns casais presentes (cf. Efésios 5:11-12).

▶ Propósito do estudo

Levar os membros do grupo à renovação do compromisso para com a autoentrega mútua e pura como reflexo do amor de Cristo.

▶ Objetivos

No fim do estudo, os membros do grupo devem:
1. Valorizar a dignidade das cerimônias de casamento, mantendo equilíbrio entre ostentação e descaso.
2. Reconhecer a importância da verbalização do amor na intimidade do casal.
3. Louvar a Deus pelo presente da pureza sexual e lutar para manter a fidelidade aos votos conjugais.
4. Desfrutar da bênção da relação sexual de forma pura e outrocêntrica.

▶ Sugestão de dinâmica inicial

Toda cerimônia de casamento é única. Quase toda cerimônia tem algum contratempo que, no momento, não parece motivo de alegria, mas depois pode servir como lembrança e até motivo de risadas.

Os casais podem compartilhar no estudo alguns desses momentos ou outros destaques de sua cerimônia de casamento como preparação para o estudo das núpcias dos noivos em Cântico.

▶ **Perguntas para discussão**

1. Leia Cântico 3:6-11. Mais uma vez a cena muda, como se fosse uma nova foto no álbum da história do casal. O dia tão esperado finalmente chegou. A Sulamita olha da janela da sua casa no norte de Israel, perto de Líbano, e vê a procissão real militar chegando do deserto. Na época, o noivo costumava vir buscar a noiva numa data não definida, depois de preparar o enxoval, a casa do casal e outros detalhes da vida a dois (cf. Mateus 25:1-13; João 14:1-6).

   a. Quais evidências mostram que o noivo, Salomão, havia se preparado muito bem para o dia especial deles?

   b. Qual é a implicação do fato de que sessenta valentes (homens de guerra) o acompanharam na longa viagem de Jerusalém para a casa da noiva? Que segurança isso traria para ela? (Veja também Gênesis 2:16-17; Efésios 5:25-30; 1Pedro 3:7.)

   c. Quais são as implicações práticas disso em termos da proteção e provisão que o homem fornece para a esposa? (Veja também Cântico 2:3).

2. Há muito debate sobre a importância das cerimônias de casamento e até que ponto devem ser simples ou luxuosas. Alguns menosprezam o casamento em si. Outros acham que uma boa mordomia cristã dita que a cerimônia e a recepção sejam o mais simples possível. Outros creem que esse momento único merece o melhor possível, mesmo que implique ostentação e grandes dívidas no início do casamento. À luz da descrição da procissão matrimonial de Cântico 3:6-11, junto com outros textos bíblicos como João 2:1-11, como encontrar equilíbrio quanto a essa questão?

3. Leia Cântico 4:1-7. Note que o texto não se detém na cerimônia ou festa de recepção (que podia durar até sete dias), mas passa diretamente ao que interessa: a celebração da união do casal na consumação do casamento, depois dos votos conjugais. Embora a noiva fale quase duas vezes mais do que o noivo no livro todo, nesse momento ele toma a palavra e fala quase o tempo todo, elogiando a beleza e a pureza dela.

a. Qual é a importância de o marido elogiar tanto a beleza como a nobreza de caráter da esposa?

b. Por que é importante o marido fazer o possível para acalmar a noiva em momentos possivelmente assustadores e dar-lhe o máximo de segurança em seu amor?

c. Quais figuras de linguagem Salomão usa em seus elogios, e o que significa cada uma?

4. Note que a única vez que o noivo fala na primeira pessoa do singular ("eu") é quando diz "irei ao monte" (4:6). As demais palavras são voltadas todas para a noiva. À luz de 1Coríntios 7:3-5, qual é a importância do outrocentrismo de Cristo na cama do casal?

a. Note como o texto trata assuntos delicados de forma suave. Cântico é direto e aberto, mas nunca vulgar quando lida com a sexualidade humana. Em termos gerais, é assim que a Palavra de Deus trata desses assuntos, e isso nos fornece um modelo (cf. Provérbios 5:15-19). A sexualidade humana não é motivo de piadas. Também não devemos falar das obras imorais das trevas nem importar práticas mundanas ou repugnantes para o leito matrimonial (cf. Efésios 5:11-12).

5. Leia Cântico 4:8-15. O noivo faz um pedido no verso 8 que parece estranho, visto que os dois já se encontravam de volta à capital, Jerusalém. Em que sentido a Sulamita precisava voltar toda a sua atenção para o marido, esquecendo-se do Líbano e dos perigos daquela região (leões, leopardos etc.)?

a. Até que ponto o casal precisa se livrar de possíveis distrações em seus momentos íntimos? Como fazer isso? O que sugerir na prática para um casal se preparar para a intimidade?

6. Além de elogiar a beleza da noiva na noite de núpcias, Salomão também elogia sua pureza e a alegria que isso lhe causava. Quais conceitos bíblicos vêm à mente quando ele diz encontrar nela "mel e leite"?

a. Qual é a ideia por trás da declaração "Você é um jardim fechado, um manancial recluso, uma fonte selada" (4:12)?
   b. Por que a pureza sexual (virgindade) dela era o maior presente que poderia entregar ao noivo nas núpcias?
   c. O que dizer para casais que, por qualquer motivo, não se guardaram para seu cônjuge (como talvez fosse o caso do noivo, Salomão)? Ainda há esperança de um relacionamento saudável e prazeroso?

7. Note como ele descreve a satisfação que ela lhe oferecia em termos progressivos: "Você é fonte dos jardins, poço de águas vivas que correm do Líbano!" (4:15). O que isso implica em termos de fidelidade conjugal? (cf. Provérbios 5:15-19).

8. Leia Cântico 4:16—5.1. Nesse trecho, a noiva fala pela primeira vez no verso 16, convidando o noivo para entrar no "jardim." Note a transição de "meu jardim" para "seu jardim". Qual é a importância disso? O que representa?
   a. Como já vimos, esses dois versículos constituem o exato centro do livro de Cântico — no hebraico há 111 linhas antes e 111 linhas depois. Que mensagem podemos deduzir do arranjo do livro em volta da consumação matrimonial do casal?
   b. O marido encontra satisfação total na esposa, como se tivesse chegado à "terra prometida" (5:1). Neste momento, uma voz misteriosa penetra na escuridão da tenda das núpcias: "Comam e bebam, meus amigos; até ficarem embriagados de amor!" (5:1). Alguns identificam essa voz como sendo do vento (5:1a) ou o coro das mulheres da corte, que parecem quase onipresentes. O mais provável é que seja a voz de Deus, abençoando a união física do casal, assim como encontramos em Gênesis 1:27,28; 2:24. O que essa declaração por parte de Deus implica em termos da relação sexual no casamento (cf. Hebreus 13:4)?

9. Reflita neste resumo da mensagem do texto: "O amor verdadeiro encontra sua expressão ideal na autoentrega mútua e pura debaixo

da bênção de Deus". Compare a beleza de um relacionamento desenvolvido com paciência e pureza com outros precipitados e promíscuos. Qual é a diferença?

10. Como podemos criar em nossas igrejas uma cultura que favoreça a beleza da pureza sexual em relacionamentos românticos? O que os pais podem fazer de forma preventiva? Como ajudar os jovens a valorizar sua virgindade num mundo que faz de tudo para roubá-la e desprezá-la?

▶ **Para oração**

Como grupo, orem para que Deus renove o seu compromisso para com a pureza sexual e a fidelidade conjugal, na esfera da família e da igreja local. Interceda nesse sentido pelos casais e jovens da igreja.

▶ **Para reflexão**

Como a graça de Deus pode fazer com que pessoas com experiência sexual prévia reconquistem pureza moral ("virgindade secundária")?

▶ **Tarefa final**

Leia o Comentário 5 antes do próximo encontro.

COMENTÁRIO 5

Poucos momentos na vida são tão esperados como o dia do casamento. Seria bom se os casais investissem uma fração do tempo que gastam com o planejamento da recepção e festa no aconselhamento pré-nupcial e no preparo para sua vida juntos. Apesar disso, cerimônias lindas de casamento encontram respaldo nas Escrituras, especialmente quando refletem a seriedade do casal em relação ao matrimônio.

O centro do livro de Cântico, visto por todos os ângulos, é o casamento dos noivos. Depois de muita espera, finalmente chegou o dia tão aguardado. Era a hora de despertar e acordar o amor!

O final do capítulo 3 trata da procissão do noivo-rei até sua noiva, conforme o costume da época. O capítulo 4 relata uma nova troca de elogios do casal que culmina no convite da noiva para o noivo consumar o relacionamento. No fim, uma voz misteriosa, que entendemos ser a voz divina, anuncia sua aprovação sobre o casal e o relacionamento (5:1).

Por trás de tudo identificamos uma teologia do casamento e da família que começou em Gênesis e encontra seu ápice nas bodas do Cordeiro em Apocalipse. Deus exalta a instituição de casamento porque Ele a criou para sua própria glória! O livro de Cântico encontra seu espaço no cânon bíblico pelo fato de que foi Deus quem criou o homem e a mulher e os uniu em uma só carne como reflexo da sua imagem (Gênesis 1:27; 2:24). Assim como o clímax da narrativa da criação é uma cerimônia de casamento (Gênesis 2:21-25), o ponto alto no livro de Cântico é o casamento entre Salomão e a Sulamita.

Há muito debate hoje sobre a importância das cerimônias de casamento. Há aqueles que menosprezam o casamento como algo obsoleto e nem se preocupam com a oficialização da união. Outros acham que uma boa mordomia cristã dita que a cerimônia e a recepção sejam o mais simples possível. Afinal de contas, aquele dinheiro poderia ser usado para alimentar os pobres ou sustentar missionários! E existem aqueles que, com grande ostentação, gastam dezenas e até centenas de milhares de reais em festanças luxuosas. Quem tem razão?

Podemos afirmar, à luz de Cântico e outros textos bíblicos, que um meio-termo é o ideal. Não devemos baratear o que Deus valoriza. A dignidade da cerimônia e o nível de celebração devem corresponder à seriedade com que Deus (e, por tabela, o casal) encara o matrimônio. Porém grandes demonstrações de ostentação não condizem com o estilo de vida simples e humilde do mordomo de Deus.

O coração do livro de Cântico, que muitos estudiosos entendem como o centro de uma estrutura quiástica no livro,[1] aponta justamente à importância do casamento no plano de Deus. Festa, alegria, prazer, realização e união sob o olhar do Pai devem caracterizar a cerimônia e a consumação do relacionamento.

O texto central do livro apresenta duas etapas: a procissão e a consumação do casamento.

I. A PROCISSÃO (3:6-11)

⁶ O que é aquilo que vem subindo do deserto, como colunas de fumaça, perfumado de mirra, de incenso e de todos os tipos de pós aromáticos do mercador?

⁷ É a liteira de Salomão. Vem escoltada por sessenta valentes dos melhores valentes de Israel.

⁸ Todos sabem manejar a espada e são treinados para a guerra; cada um leva a espada na cintura, por causa dos temores noturnos.

⁹ O rei Salomão mandou fazer um palanquim de madeira do Líbano.

¹⁰ As colunas eram de prata, e encosto de ouro, o assento de púrpura, e o interior foi enfeitado com carinho pelas mulheres de Jerusalém.

¹¹ Saiam, ó filhas de Sião, e venham ver o rei Salomão com a coroa com que sua mãe o coroou no dia do seu casamento, no dia da alegria do seu coração.

Depois do segundo apelo por paciência no amor feita pela Sulamita (3:5), finalmente chegou a hora de a espera do casal ser recompensada.

---

[1] Veja a explicação dessa estrutura no tópico "Estrutura", no Comentário 1.

O texto traça a chegada do rei Salomão em glória e esplendor para buscar a sua noiva.

Diferentemente da nossa cultura, em que o foco em cerimônias de casamento é a entrada da noiva, no Israel antigo o noivo ia até a noiva em uma hora não marcada, junto com uma procissão que o conduzia à casa dela. Lá, ela e suas atendentes estariam prontas para serem levadas com grande pompa para a casa do noivo, a cerimônia do casamento e a celebração das núpcias (cf. Mateus 25:1-13; João 14:1-6).

Como rei apaixonado, Salomão não poupou esforços para preparar sua comitiva, honrando assim a noiva e exaltando a instituição do matrimônio. Tudo era o que havia de melhor, simbolizando a importância do evento, mas também a maneira pela qual o amor bíblico provoca melhorias na vida de cada cônjuge. S. Craig Glickman sugere a aplicação: "Amor é a mãe da virtude e o pai da maturidade [...]. O teste é se a pessoa que você ama faz de você alguém melhor".[2] Ben Patterson acrescenta: "O casamento e a sexualidade estão sob nossa tutela. Tenho que devolver minha esposa melhor do que a recebi".[3]

A Sulamita chama atenção para a procissão que se aproximava, vindo do deserto (v. 6). Havia colunas de fumaça (incenso) e perfumes dos mais variados sinalizando a chegada do grande dia. (Parecia que o noivo havia passado por uma loja de produtos importados e comprado todos os perfumes a que tinha direito!)[4]

Ela faz a identificação: é a liteira de Salomão, o noivo, acompanhado de não menos de sessenta padrinhos armados (v. 7, 8)! Existe a possibilidade de que a liteira tenha sido enviada pelo rei para buscar a noiva. Alguns sugerem que o texto está na perspectiva dos espectadores em Jerusalém, observando a liteira do rei chegar com a Sulamita. Mas à luz dos costumes da época e o que nos parece ser a leitura mais natural do texto, entendemos que é Salomão chegando à casa da noiva para buscá-la.

---

[2] S. Craig GLICKMAN, *Solomon's Song of Love*, p. 57.
[3] Ben Patterson, "A Virtude do sexo e a glória de Deus" em John PIPER; Justin TAYLOR (eds.), *Sexo e a supremacia de Cristo*, p. 64.
[4] Carlos Osvaldo Pinto, áudio, maio-junho 2011.

É um casamento militar e real com ênfase na força e habilidade do noivo para proteger e cuidar da noiva.⁵ A descrição dos homens guerreiros destaca a segurança da comitiva para prosseguir até a casa (palácio) do rei. Provavelmente havia viajado bastante (talvez de Jerusalém para o Líbano), e o noivo não iria arriscar qualquer possibilidade de estragar o grande dia. A Sulamita não teria nenhuma razão de temer,⁶ pois o guarda real estava lá para confortá-la e protegê-la no caminho para Jerusalém. Ela seria muito bem cuidada por ele, do início ao fim.

É importante observar que Deus fez o homem como protetor da esposa. Adão foi designado como guardião de todo o jardim do Éden, que incluía Eva. Foi a ele que Deus responsabilizou pelo cumprimento das ordens divinas (Gênesis 2:16-17) e foi ele que Deus abordou depois do pecado (Gênesis 3:9,11). No Novo Testamento, o apóstolo Paulo ecoa a ideia do papel protetor que o homem tem no lar quando convoca os maridos a amarem suas esposas, entregando-se por elas como Cristo fez pela igreja, e amando a mulher "como ama o próprio corpo" (Efésios 5:25-30). O apóstolo Pedro diz que o homem cuida da mulher como a parte mais frágil (1Pedro 3:7). É a maior tragédia quando aquele que foi chamado para proteger a esposa é justamente a pessoa que a machuca emocional, verbal, física ou sexualmente.

O texto segue descrevendo o luxo da liteira que levaria o casal até o palácio. Mais uma vez, o rei não poupou dinheiro nem esforço para honrar sua noiva e o casamento deles. A liteira foi feita com madeira da região dela, o Líbano (v. 9; cf. 4:8,15). Tinha colunas de prata, encosto dourado, almofadas forradas de púrpura (sinal de grande luxo) e um interior cuidadosamente revestido pelas próprias filhas de Jerusalém (v. 10).

Pela segunda vez, a Sulamita clama para as atendentes observarem o espetáculo que o noivo preparou para ela (v. 11). O relacionamento do casal foi uma bênção não somente para eles, mas para todos ao redor:

---

⁵ S. Craig GLICKMAN, *Solomon's Song of Love*, p. 56.
⁶ O verso 8 fala de "temores noturnos" (תּוֹלִילָּבְ דחֲפָמִ, *miparrad balelôt*). "Temor" (דחַפַּ, *parrad*) se refere àquilo que causava medo e terror.

Não foi somente o dia de alegria para o rei, mas também para aqueles que compartilharam sua alegria [...]. O amor deles se transformou em uma fonte da qual todos poderiam experimentar a doçura da sua alegria. Sem dúvida é o desejo do Criador da vida que todo romance seja uma fonte da qual todos possam beber.[7]

Uma boa pergunta para os casais de namorados, que ajuda a discernir se o namoro deve continuar, é se o relacionamento é uma bênção para os que estão ao redor. É egocêntrico ou focado nos outros? Existe para tornar Deus mais famoso ou para exaltar o casal?

Note como Salomão vem com uma coroa que possui valor sentimental, presente da mãe no momento mais significante na vida dele até então: a coroa que sua própria mãe lhe deu no dia que foi coroado rei em Israel. Implícita, talvez, esteja a ideia de que todo casamento é uma coroação de um novo rei e uma nova rainha do lar (cf. Isaías 61:10).

Aplicação

Seria difícil superestimar a importância que o texto dá não somente para o casamento, mas para o preparo dele. Guardadas as devidas proporções, é um momento que merece o maior cuidado, preparação, honra aos cônjuges e, acima de tudo, a Deus que é o Criador do matrimônio e que reflete nele seu amor e fidelidade. As cerimônias de casamento têm valor de testemunho, são lembranças e memorial para todos os casados e inspiração para os solteiros.

Jack Deere comenta a importância da cerimônia do casamento naqueles dias e hoje:

> A pompa e a beleza da procissão foram totalmente apropriadas à luz da importância do evento. As Escrituras ensinam que o casamento é um dos eventos mais importantes na vida de alguém. Por isso, é apropriado que a união do casal seja comemorada de maneira especial. A prática contemporânea de casais morarem juntos sem os elos matrimoniais

---

[7] S. Craig GLICKMAN, *Solomon's Song of Love*, p. 58.

demonstra como caiu em desuso o genuíno compromisso conjugal em nossa sociedade. Isso viola a santidade do casamento e é contrário ao padrão divino de pureza.[8]

II. A CONSUMAÇÃO: AS NÚPCIAS (4:1—5:1)

A etapa depois da procissão são as núpcias, a tão esperada consumação do casamento. O texto não detalha a festa, que costumeiramente durava até sete dias, mas passa diretamente ao que interessa — a celebração da união do casal.

Embora a noiva fale quase duas vezes mais que o noivo no livro todo, nesse momento tão significativo da vida deles Salomão toma a palavra e fala quase que exclusivamente. Primeiro, ele elogia a beleza dela (4:1-7). Depois, a convida gentilmente a deixar seu lar (e os perigos da região em que ela morava, v. 8). Volta a elogiá-la, em particular, destacando suas carícias (v. 9-11) e sua pureza (v. 12-15). Por fim, ela fala, convidando-o a entrar no jardim do amor dela e consumar o relacionamento (4:16; 5:1). A voz de Deus, o misterioso e sempre presente Oficiante de todo casamento, põe o selo de aprovação sobre tudo (5:1)

A. A beleza da amada (4:1-7)

> [1] Como você é bela, minha querida! Como você é linda! Os seus olhos são como pombas e brilham através do véu. Os seus cabelos são como um rebanho de cabras que descem ondeantes do monte de Gileade.
>
> [2] Os seus dentes são como um rebanho de ovelhas recém-tosquiadas, que sobem do lavadouro; cada uma tem o seu par, e nenhuma está faltando.
>
> [3] Os seus lábios são como um fio de escarlate, e a sua boca é linda. As suas faces, como romã partida, brilham através do véu.
>
> [4] O seu pescoço é como a torre de Davi, edificada para arsenal; mil escudos pendem dela, todos escudos de soldados valentes.

---
[8] Jack S. DEERE, "Song of Songs", p. 1017.

> ⁵ Os seus seios são como duas crias gêmeas de uma gazela, que pastam entre os lírios.
> ⁶ Antes que rompa o dia, e fujam as sombras, irei ao monte de mirra e à colina do incenso.
> ⁷ Você é toda linda, minha querida, e em você não há defeito.

Em uma noite na qual a noiva poderia sentir insegurança e medo do desconhecido, longe de casa e num ambiente estranho, o noivo suavemente a elogia e a acalma. Ele usa imagens que derivam quase exclusivamente do contexto pastoril que ela tão bem conhecia.[9] Em todo o texto, ele usa apenas uma vez a primeira pessoa singular ("eu"), quando diz "Irei ao monte" (v. 6). Tudo mais está focado nela — uma boa lição para todos os casais que desejam uma vida sexual plena e satisfatória. O foco cristocêntrico faz com que cada um procure o prazer do outro em primeiro lugar (cf. 1Coríntios 7:1-5) e que se esqueça de si mesmo no processo.

Duas vezes no verso 1 e uma vez no versículo 7 ele declara que ela é formosa (cf. 1:15). Depois, verbaliza sete destaques (o número da perfeição) da fisionomia dela que o encantavam: olhos, cabelos, dentes, lábios, faces, pescoço e seios. O desfecho do parágrafo, no versículo 7, declara que ela não possuía nenhum defeito (literalmente, "mancha").

Precisamos perguntar: a Sulamita era mesmo perfeita? Já descobrimos no início do livro que ela desprezava sua própria aparência (1:5). Ressaltamos que a mensagem do texto tem mais a ver com a maneira pela qual cada um via o outro do que com a aparência física em si. "A beleza está nos olhos de quem vê!" Ninguém é capaz de atingir a beleza perfeita conforme é definida culturalmente. O ideal falso de um mundo de "Photoshop" leva muitos a se decepcionarem com a própria aparência. É na aceitação e no encantamento mútuos que alcançamos o equilíbrio.

---

[9] Mais tarde, na plena maturidade do relacionamento, depois de a Sulamita se acostumar à vida "real" do palácio, Salomão empregará imagens derivadas tanto do palácio como do contexto pastoril para louvar a beleza dela (7:1-9; veja Jack S. DEERE, "Song of Songs", p. 1018.)

Os olhos dela mais uma vez são comparados a pombas, pois transmitiam paz e tranquilidade (cf. 1:15). É notável que não era só a aparência física que cativava o noivo, mas o caráter dela também.

A descrição dos cabelos nos soa estranho — um "rebanho de cabras que descem ondeantes do monte de Gileade" —, mas a imagem comunicava a beleza ondulante e sinuosa, quase hipnótica, do cabelo dela, como o reflexo do pôr-do-sol sobre um rebanho que desce a montanha.

Depois, Salomão fala da beleza dos dentes dela, simétricos e brancos, que, ao sorrirem, também provocavam nele um sorriso. A ocasião de tosquiar as ovelhas era festiva, reunindo pessoas vizinhas em celebração. Os dentes são descritos como ovelhas recém-tosquiadas que saem do rio, cada um se sacudindo em uma cena que provoca sorrisos e bom humor! Ele diz que o sorriso dela é lindo e faz ele sorrir também![10]

O versículo 3 descreve os lábios finos, mas coloridos como escarlate; uma boca atraente não apenas porque era bonita, mas porque falava de forma saudável. A descrição nos lembra da mulher virtuosa de Provérbios 31, a qual fala com sabedoria e que tem nos lábios "a instrução da bondade" (Provérbios 31:26).

A descrição das faces como romã provavelmente se refere à cor rosada das bochechas, atraentes, saudáveis, brilhantes por trás do véu matrimonial.

A descrição do pescoço também pode parecer estranha, fazendo a Sulamita parecer uma girafa (v. 4). No Antigo Testamento, pescoço representa caráter. Por exemplo, o povo de Israel foi descrito como de "dura cerviz" (Êxodo 32:9; 33:3,5). Provérbios associa o pescoço às qualidades da benignidade e fidelidade: "Não deixe que a bondade e a fidelidade abandonem você. Amarre-as ao pescoço" (Provérbios 3:3).[11] Ou seja, a maneira pela qual ela se comportava refletia seu caráter. A comparação com a torre de Davi, forte e enfeitada com mil escudos, trata da nobreza e dignidade dela, não da extensão do pescoço em si.

---

[10] S. Craig Glickman, em entrevista concedida a Stanley Toussaint no programa de rádio "Dallas Today".

[11] A palavra hebraica para "pescoço" é diferente que a palavra usada em Cântico 4:4 e 7:4, mas a ideia é a mesma.

A Sulamita impunha respeito, tanto pelo caráter como pelos enfeites. Inspirava coragem no amado. Ele não só se impressionava com a aparência dela, mas também com seu caráter.[12]

É fascinante observar que quase todos os elogios destacam não somente a beleza externa, mas a índole da amada. Os dois parecem entrelaçados. Uma palavra de cautela para os que têm ouvidos: é importante verificar *antes* do casamento como é o caráter do amado, para que a princesa não se revele uma bruxa, e o príncipe encantado vire um sapo quando for tarde demais![13]

No versículo 5, a intensidade da sua paixão aumenta. As descrições do noivo desceram até chegar ao pescoço dela. Agora, na intimidade das núpcias, ele descreve os seios da amada de forma suave e gentil, não rude ou chula. Diz que são como duas crias de uma gazela, não em sua forma, mas no sentido do inspirar nele o desejo de tocá-los e cariciá-los. Com essa declaração, atende ao desejo que ela expressou em 2:17: "Venha correndo como o gamo ou o filho das gazelas sobre os montes de Beter [de separação]". O texto bíblico nos oferece um vislumbre da pureza cristalina de um relacionamento paciente e puro, e o pleno deleite como recompensa na noite do casamento.

Longe de ser um assunto de piadas de mal gosto, de duplo sentido ou que desumanizam pessoas, a sexualidade saudável exala o bom perfume da alegria e aprovação divinas. Provérbios 5:15-19 ecoa a mesma ideia:

> Beba a água da sua própria cisterna e das correntes do seu poço. Por que você derramaria as suas fontes lá fora, e os seus ribeiros de água pelas praças? Que seja para você somente e não para os estranhos que estão com você. Seja bendito o seu manancial, e alegre-se com a mulher da sua mocidade, corça amorosa e gazela graciosa. Que os seios dela saciem você em todo o tempo; embriague-se sempre com as suas carícias.

---

[12] S. Graig Glickman, entrevista.
[13] Carlos Osvaldo Pinto, áudio, maio-junho 2011.

O noivo expressa o desejo de experimentar o amor até o amanhecer. Irá até os montes de mirra e incenso, que representam fragrâncias importadas e caras, ou seja, ao que para ele tinha muito valor.

Ele conclui essa parte do seu discurso dizendo: "Você é toda linda, minha querida, e em você não há defeito" (v. 7). O termo "sem defeito" é o mesmo usado para os sacrifícios sem mancha oferecidos no tabernáculo, para o caráter de Jó (Jó 31:7) e para a aparência de Absalão (1Samuel 14:25) e de Daniel (Daniel 1:4).

B. O pedido do amado (4:8)

> 8 Venha comigo do Líbano, minha noiva, venha comigo do Líbano.
> Desça do alto do monte Amana, do algo do Senir e do Hermom,
> dos covis dos leões, dos montes dos leopardos.

O versículo 8 é um pouco difícil de interpretar, pois parece fora de lugar no enredo do livro. O amado faz um pedido para que a noiva deixe a perigosa região de Líbano, onde fora criada, para acompanhá-lo até o palácio. Mas o contexto anterior dá a entender que ela já havia voltado com ele na procissão nupcial. Afinal, onde ela estava?

Uma maneira de resolver o problema é entender que ele a convida a esquecer tudo que ela conhecia, pelo menos naquele momento significativo, e focar única e exclusivamente nele e no seu amor. Menciona os leões e leopardos que, naquela época, ocupavam a região montanhosa de Líbano. Ele a convida a se perder no amor seguro do amado, esquecendo-se dos medos do passado para se concentrar somente nele, como ele fazia com ela.[14] Ele quer mais que o corpo dela: ele deseja as emoções, os pensamentos e as paixões. É o apelo dele para os dois se tornarem um.

A grande mentira do mundo do entretenimento hoje é que o sexo serve para juntar corpos e extrair o máximo de prazer do outro. Mas

---

[14] S. Craig GLICKMAN, *Solomon's Song of Love*, p. 19.

a perspectiva bíblica da sexualidade é oposta. A intimidade do casal junta duas pessoas, não somente dois corpos.

> Uma pessoa não pode entregar de todo o seu coração enquanto metade do coração está sendo distraída pelos eventos de um dia ocupado, especialmente as atividades do dia do casamento. Um propósito das carícias, então, é permitir que ambos se esqueçam de tudo e somente pensem um no outro.[15]

Neste versículo ele a chama de "minha noiva",[16] termo que ocorre em cinco versículos consecutivos (4:8-12) e depois em 5:1.

C. As carícias da amada (4:9-11)

> [9] Você roubou meu coração, meu amor, minha noiva; roubou meu coração com um só dos seus olhares, com uma só pérola do seu colar.
> [10] Como são agradáveis as suas carícias, meu amor, minha noiva! O seu amor é melhor do que o vinho, e o aroma do seu perfume é mais suave do que todas as especiarias!
> [11] Os seus lábios destilam mel, minha noiva. Mel e leite se acham debaixo da sua língua, e o cheiro dos seus vestidos é como o cheiro do Líbano.

O que nos chama a atenção novamente é o grau elevado da linguagem do noivo que é franca sem ser vulgar, recatada sem ser tímida, clara sem ser chula. O esposo volta a elogiar a esposa, dessa vez enaltecendo a beleza do amor que ela lhe entrega. Ela derrete o coração dele só com um olhar (v. 9).

Ao que tudo indica, a noiva atendeu o pedido do rei (v. 8) e se entregou livre e espontaneamente aos braços dele. Ele não se contém ao descrever seu encanto diante da beleza e das carícias dela.

---

[15] Idem.
[16] A palavra הַכַּלָּה (*caláh*) também tem o significado de "nora". Neste texto, se refere à jovem logo antes do casamento.

O versículo 9 repete duas vezes a ideia de que ela roubou o coração dele. O verbo traduzido por "roubou meu coração" é uma única palavra no hebraico, e traz a ideia de que ela "fez cativo" e "levou embora" o coração dele. Com um único olhar ela conseguiu transportá-lo para longe (cf. 1:15; 4:1). Ele não conseguia mais pensar direito e estava perdendo seu controle. Talvez nós diríamos que ela derreteu o coração dele.

Depois ele acrescenta que o simples fato de fitar uma única joia dela, uma pérola, era suficiente para fazer o mesmo. Ou seja, ele confessa estar perdidamente apaixonado por ela.

No próximo versículo, o noivo chega ao ponto: as "carícias" dela (*dodím*, palavra que se refere à intimidade física que ela lhe oferece) é algo tão realizador, satisfatório, que ultrapassa outros prazeres como o do vinho ou de finos perfumes. Pela primeira de cinco vezes ele a chama de "minha irmã" (4:9,10,12; 5:1-2; a NAA traduz a expressão como "meu amor"). Na cultura hebraica, essa era uma expressão de carinho e intimidade para se referir à mulher com quem se tinha um relacionamento bem próximo.

O versículo 11 é ainda mais direto, embora ainda discreto, ao descrever os beijos dela, doces como mel, abundantes e prazerosos como o mel e o leite que a terra prometida de Canaã oferecia ao povo no êxodo (Êxodo 3:8). Há debate se a descrição é sobre os beijos, as palavras ou ambos. O foco parece estar nos beijos, mas vimos que ele a elogia também pela elegância de sua fala (2:14; 4:3).

Finalmente, ele descreve o perfume dos vestidos dela, uma fragrância ao mesmo tempo encantadora e refrescante como os aromas da terra dela, o Líbano, conhecido pelos seus cedros (Cf. 1Reis 5:6; Oseias 14:5-6).

Outra vez descobrimos a importância de comunicação verbal, especialmente da parte do homem, ao elogiar a esposa e deixá-la segura e confortável em seu amor. Também percebemos a importância da intimidade conjugal em unir duas pessoas "de corpo e alma". Os dois se perdem, um no outro, nesses momentos de arrebatamento apaixonado. Para ser um sucesso aos olhos de Deus, a relação íntima do casal tem que ser outrocêntrica, com cada parceiro totalmente focado e "perdido" no outro. Não é bajulação para inflar a imagem ou estima do outro, mas uma demonstração sincera de apreciação.

D. A beleza e pureza da esposa são elogiadas (4:12-15)

> [12] Meu amor, minha noiva, você é um jardim fechado, um manancial
> recluso, uma fonte selada.
> [13] Os seus renovos são um pomar de romãs, com frutos excelentes:
> henas com nardos,
> [14] nardo e açafrão, cálamo e o cinamomo, com todo tipo de árvores
> de incenso, mirra e aloés, com todas as principais especiarias.
> [15] Você é fonte dos jardins, poço de águas vivas, que correm
> do Líbano!

O rei continua elogiando a noiva na noite das núpcias, dessa vez destacando sua pureza e o fato de que ela se guardou virgem para ele. Ele amontoa descrição sobre descrição para tentar comunicar seu apreço por ela lhe oferecer esse presente puro e valioso.

O texto outra vez usa eufemismos para descrever o prazer sexual. Assim como em Provérbios 5:15-19, várias metáforas associadas à água ilustram a capacidade de satisfação sexual que a amada possui.

O tema "jardim" se repete várias vezes no livro.[17] Aqui, como no final do livro, refere-se à sua virgindade. O jardim aberto seria um lugar pisado por todos, barato, fácil de entrar. O jardim fechado, porém, seria de grande valor.

Jardim sugere um contexto de deleite, algo refrescante, natural. O manancial e a fonte sugerem satisfação de sede e refresco. Idealmente, a sexualidade humana foi feita por Deus para cumprir exatamente esses propósitos.[18] Um jardim fechado daria acesso apenas àquele que tinha a chave. A fonte selada teria uma marca de propriedade particular.

---

[17] G. Lloyd CARR (*The Song of Solomon*, p. 60) observa que imagens agrícolas como vinhas, vinhedos, jardins e pomares são mencionadas cerca de vinte vezes no livro.
[18] Paige PATTERSON, *Song of Solomon*, p. 75.

Ele a descreve novamente como "minha irmã" (veja acima, 4:10) e "minha noiva", que outra vez sinaliza o fato de essa ser realmente a noite de núpcias.

O versículo 13 continua com a metáfora do jardim e descreve a beleza dos frutos suculentos e dos aromas produzidos nele.

O versículo 14 descreve a fragrância agradável que o jardim produz, empilhando termos para diversos perfumes e incensos, como se ela fosse o boticário da vida dele.

Finalmente, o noivo volta à ideia das fontes, com uma progressão: ela seria capaz de satisfazer uma região inteira com as fontes inesgotáveis do seu amor, mas ela se reservou para ele! Suas águas eram refrescantes e puras como rios de água cristalina descendo das montanhas (e não menos pelo fato de se entregar sexualmente a ele).

> A "fonte selada" [...] regaria no máximo um jardim. Mas ele a compara a uma fonte que regava muitos jardins. Depois ele a considera um poço de água viva, que poderia suprir uma cidade inteira; e ainda mais: correntes fluindo do Líbano, que poderiam fazer prosperar uma região inteira. Tão grande é o refrigério que ela lhe traz que pode ser comparado a ribeiros dos montes que dão vida para toda uma região.[19]

Aplicação

Podemos deduzir do texto algumas aplicações práticas. Primeiro, o fato de a mulher saber que ela é mais que suficiente para seu homem lhe transmite muita segurança. Em dias em que um em cada três homens brasileiros casados trai a esposa ao longo do casamento (e um número semelhante de mulheres trai o esposo), é fundamental que o casal manifeste seu contentamento exclusivo um com o outro.

O texto também ecoa o princípio claro das Escrituras de que a intimidade sexual é somente para os casados. A virgindade tem um valor incalculável para Deus e para o cônjuge. Isso não significa que a pessoa que já se entregou precipitadamente caiu em desgraça diante de Deus.

---

[19] S. Craig GLICKMAN, *Solomon's Song of Love*, p. 24.

Entendemos pelo Novo Testamento que a graça renovadora de Cristo nos faz "nova criatura" (2Coríntios 5:17). Quem confessa e deixa seu pecado alcança misericórdia (Provérbios 28:13; cf. 1João 1:9). Jamais podemos presumir que essa graça nos dê direito de pecar (Romanos 6:1-2), e certamente há consequências que terão de ser enfrentadas por quem peca sexualmente (Provérbios 6:32-33), mas fazemos bem ao lembrar que nada no texto sugere que Salomão era virgem e, sim, a Sulamita.[20] Mesmo assim, Deus lhe proporcionou o privilégio de viver um romance exemplar, talvez uma chance a uma "virgindade secundária" pela graça de Deus.

O presente da virgindade na noite das núpcias não tem preço. O conselho para jovens (e para seus pais, os guardiões do coração dos filhos) é: não se ofereça facilmente! Guarde-se puro para seu amado. Não desperdice suas carícias. Espere o momento e a pessoa especial. O texto como um todo apresenta um argumento assustadoramente claro a favor da monogamia e da fidelidade absoluta entre os parceiros.[21]

Mas o que fazer se o "jardim" já foi invadido e bagunçado? A resposta é: recorrer para o único capaz de restaurar os muros derrubados, transplantar novas flores e transformar o que foi pisado em algo lindo outra vez. Sabemos que Cristo é o único capaz disso, e foi justamente por isso que Ele veio.[22]

Uma palavra de esclarecimento também cabe aqui. Muitos acham que o casamento se resolve na primeira noite. Podem até se decepcionar se a noite de núpcias não for tudo o que filmes e a música popular apresentam. Em certo sentido, à luz do que a Bíblia ensina sobre a sexualidade, a primeira experiência sexual do casal é somente uma "prévia" do que os aguarda durante o restante de suas vidas, pois o conhecimento mútuo ao longo do tempo fará com que a relação só melhore. Essa ideia está bem longe do conceito popular de que o sexo praticado com a mesma pessoa depois de muitos anos vira tédio, e que

---

[20] Houve pelo menos uma indicação de que Salomão já tivera experiências amorosas com algumas mulheres da corte (1:4b).
[21] Paige PATTERSON, *Song of Solomon*, p. 76.
[22] Glickman, entrevista.

é preciso haver novidades exóticas ou a relação cairá na estagnação. O próprio livro de Cântico desmente essas ideias, pois a próxima vez que relata a intimidade do casal (depois da resolução de um conflito posterior) mostra evolução significativa na intimidade conjugal.

Finalmente, é interessante observar que os elogios verbais a essa altura das núpcias são de via única, do noivo para a noiva. Ele a acalma e assegura o amor dele. Nesse momento, não é tão necessário que ela corresponda aos elogios dele. Mais tarde, depois das adaptações ao casamento, ela lhe fará elogios também (7:9-13).

III. A CONSUMAÇÃO DO CASAMENTO SOB A BÊNÇÃO DE DEUS (4:16—5:1)

> [16] Desperte, vento norte, e venha, vento sul! Soprem no meu jardim, para que se derramem os seus aromas. Que o meu amado venha ao seu jardim e coma os seus frutos excelentes!
>
> [1] Já entrei no meu jardim, meu amor, minha noiva. Colhi a minha mirra com as especiarias, comi o meu favo com o mel, bebi o meu vinho com o leite.
>
> Comam e bebam, meus amigos; até ficarem embriagados de amor.

Finalmente a noiva fala. A última vez que ela disse alguma coisa foi quando descreveu a chegada da liteira matrimonial de Salomão à sua casa (3:11). Depois disso, só o noivo falou, fazendo seu maior discurso de amor no livro inteiro (4:1-15). As palavras dele também derreteram o coração dela, que agora transborda de segurança, paixão e amor. Ela responde e o convida a consumar o relacionamento, pondo assim o selo que os constituirá marido e mulher (Gênesis 2:24).

No seu discurso, ela personifica os ventos e os chama para espalhar o aroma do seu amor para que o amado seja guiado portas adentro ao seu jardim. Os ventos do leste frequentemente eram quentes e áridos; os do oeste traziam tempestades do mar; os do norte e sul, porém, eram refrescantes.[23]

---

[23] Paige PATTERSON, *Song of Solomon*, p. 77.

Note o intercâmbio no versículo 16 entre "meu jardim" e "seu jardim" — mais uma vez reparamos na mutualidade que já se introduziu no refrão "O meu amado é meu, e eu sou dele" (2:16). Esse momento é uma dobradiça na história do casal: o momento da entrega, em que o que era dela será entregue para ele e vice-versa.

Esse convite "suave" se intensifica logo em seguida, ainda de forma elegante. Ela chama o amado para entrar no jardim e degustar as delícias (sexuais) que ela oferece.

Mais uma vez, chama-nos a atenção a beleza, pureza e dignidade com que o texto trata de assuntos tão delicados. Num mundo atolado na perversidade sexual, obcecado com o sexo, mas nunca satisfeito por ele, as núpcias do casal são refrescantes e cristalinas. Que diferença faz quando o casal segue o padrão divino! Que oportunidade de espelhar a glória de Deus na relação conjugal! Que figura linda do amor de Jesus por sua igreja!

No ponto central do livro (5:1)[24] ouvimos novamente a voz do marido, que transmite calma, realização e satisfação. Ele testemunha o fato de que entrou no jardim e desfrutou ao máximo tudo que tinha para oferecer: seus aromas, frutos, vinho e leite.

Uma voz misteriosa é a última a falar no final do versículo 1. Quem fala? Há pelo menos três possibilidades:

1. A voz representa o vento personificado.
2. A voz representa os "amigos do casal" (convidados da festa) ou talvez as "filhas de Jerusalém".
3. A voz é do próprio Deus.

Mesmo que fosse o vento, ele só falaria as palavras prescritas pelo seu Criador. Seria muito estranho se os amigos do casal estivessem presentes como testemunhas da consumação do casamento (embora existisse esse costume em alguma épocas da história).[25] Na análise

---

[24] Infelizmente, a divisão de capítulos veio um versículo cedo demais. 5.1 teria ficado melhor como o último versículo do capítulo 4.
[25] Veja Justin Taylor, "A Reforma de Martinho Lutero no casamento" em John PIPER; Justin TAYLOR (eds.), *Sexo e a supremacia de Cristo*, p. 284.

final, essa deve ser a voz do Criador, o maior Poeta, o Convidado mais íntimo de todos, aquele que preparou esse lindo casal para essa noite dentro do seu propósito.[26]

A declaração coloca o selo de aprovação divina sobre o relacionamento. O propósito de Deus inclui a mútua entrega de duas pessoas, em pureza e paciência, debaixo da bênção dele. "O casal neste cântico experimentou uma linda noite de núpcias porque foi preparado para isso por um lindo namoro."[27]

APLICAÇÃO FINAL

Note o caminho saudável que o casal trilhou para chegar a esse ponto — o caminho da paciência, exclusividade e pureza. Deixou apenas sentimentos e memórias doces e agradáveis, nada de amargura, culpa ou ressentimento. Como é grande o contraste com relacionamentos que não passam por esse caminho, como, por exemplo, o de Sansão e Dalila (Juízes 16).

GRANDE IDEIA

O amor verdadeiro encontra sua expressão ideal na autoentrega mútua e pura debaixo da bênção de Deus.[28]

---

[26] S. Craig GLICKMAN, *Solomon's Song of Love*, p. 25.
[27] S. Craig GLICKMAN, *Solomon's Song of Love*, p. 26.
[28] Carlos Osvaldo PINTO, *Foco e desenvolvimento*, p. 586.

… seção 6

A expansão do amor: perseverança

CÂNTICO DOS CÂNTICOS
5:2 — 6:3

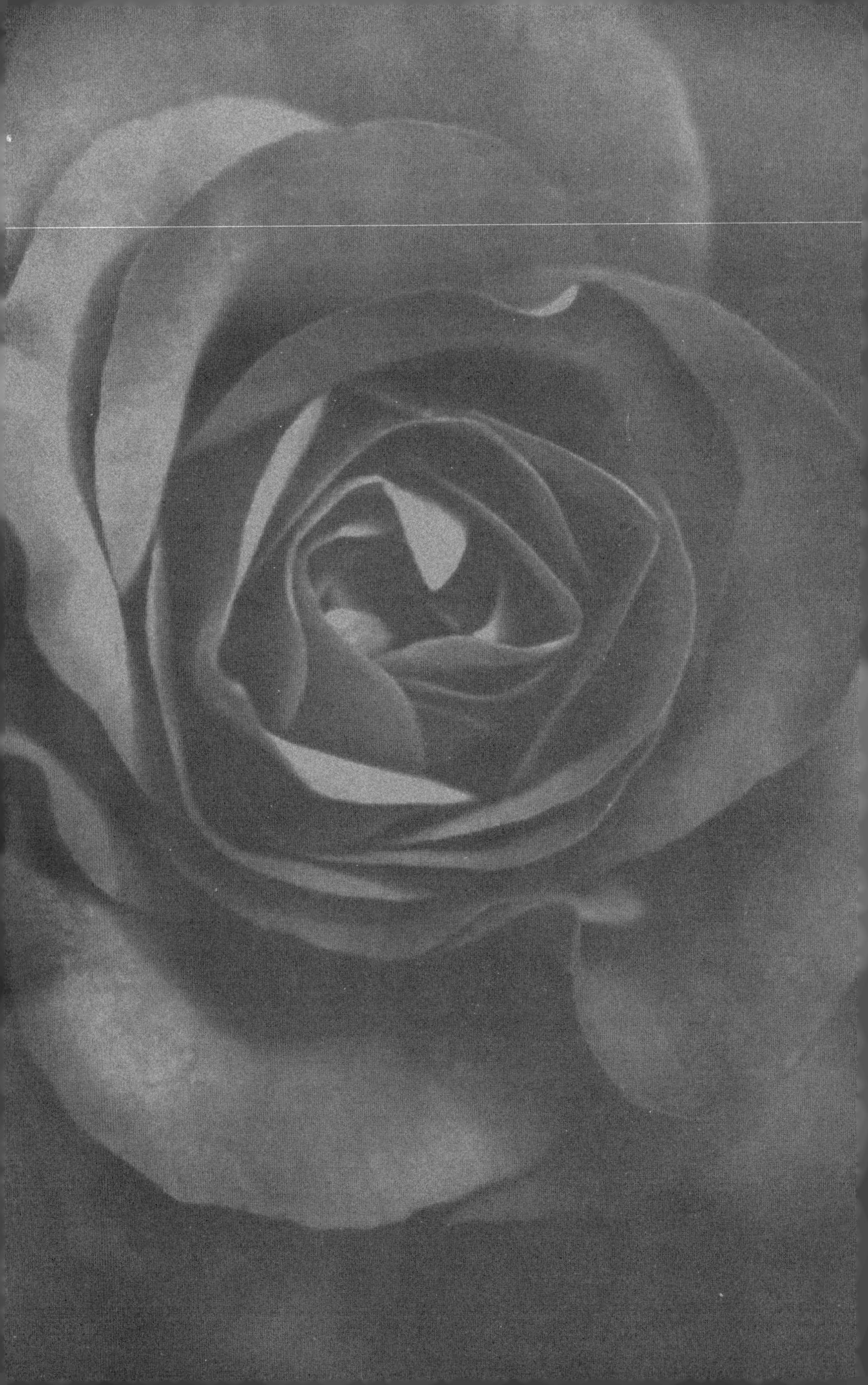

GUIA DE ESTUDO 6

▶ Instruções para o facilitador

Este estudo começa a segunda parte do livro, que foca na *perseverança* como marca do amor verdadeiro. O texto lida com os inevitáveis conflitos que surgem em todos os casamentos. Esteja pronto para atender a casais que talvez se identifiquem com alguns problemas levantados no estudo.

Pense na possibilidade de alguém testemunhar como os princípios esboçados neste estudo ajudaram a sarar um relacionamento doentio.

▶ Propósito do estudo

Levar os membros do grupo a praticar os princípios de renovação do primeiro amor em momentos de conflito conjugal.

▶ Objetivos

No fim do estudo, os membros do grupo devem:
- Reconhecer a realidade de conflito conjugal em todos os casamentos.
- Identificar os sinais de mesmice no relacionamento a dois, quando a rotina pode destruir o romance.
- Entender como a vida outrocêntrica de Jesus ministra graça, aceitação e perdão em momentos de conflito.
- Desenvolver hábitos de renovação do primeiro amor, lembrando e compartilhando as virtudes, e não os defeitos do cônjuge.
- Renovar seu compromisso para com os votos de exclusividade conjugal.

▶ Sugestão de dinâmica inicial

Faça uma comparação entre palmeiras plantadas em canteiros dentro do shopping e aquelas plantadas à beira-mar. As palmeiras de shopping têm uma vida boa — sempre regadas, fertilizadas, sem ventos adversos ou tempestades. As palmeiras na praia enfrentam a seca e os furacões e carregam as marcas de terem sobrevivido a muitos temporais.

Muitos casais querem que seu casamento seja como as primeiras palmeiras, mas a realidade é mais parecida com a segunda cena. Muito melhor que a vida boa de shopping é a vida a dois em que as raízes do casal se entrelaçam no solo da graça e do amor incondicional. Carregamos as cicatrizes de uma vida de desavenças e desafios, mas nos tornamos muito mais fortes e resistentes *juntos*.

▶ **Perguntas para discussão**

1. Leia Cântico 5:2-8. A próxima "foto" no álbum da história do casal mostra um tempo depois da lua de mel. As mudanças são significativas, pelo menos no que diz respeito à Sulamita. Em suas próprias palavras, descreva o que acontece nessa cena.

    a. Por que o autor do livro inclui esse episódio logo após a linda descrição da consumação do relacionamento, localizada no exato centro do livro (4:16—5:1)? Que mensagem isso nos trás hoje?

2. Note as palavras do marido em 5:2b. Em nenhum outro lugar do livro ele empilha tantos elogios para descrever a esposa: "Meu amor [lit. "minha irmã"], minha querida, minha pombinha sem defeito". No caso dele pelo menos, a paixão só aumentou com o passar do tempo. O contraste com a apatia dela é nítido (5:3). É irônico comparar esse episódio com outro que também aconteceu à noite, em 3:1-4, quando ela não queria que o noivo nunca fosse embora. Aqui, parece que ela não quer que ele volte! Diante disso, avalie esta declaração: "O rotineiro é inimigo do romântico". Até que ponto é verdadeira? Como podemos evitar que a mesmice da vida a dois anestesie o romance no relacionamento?

    a. Observe este comentário:

    > Embora a Sulamita seja a heroína do livro, nesta porção Salomão se destaca pelas atitudes de paciência e altruísmo. Sabemos que o frágil ego masculino normalmente não lida bem com a rejeição (especialmente

na área sexual), talvez uma das razões por que Paulo adverte os maridos a não tratarem a esposa com amargura (Colossenses 3:19).

Quais são as evidências no texto, a partir do verso 4, de que Salomão foi paciente e bondoso diante da rejeição?

3. Qual é o perigo em um conflito particular do casal que se torna público (5:7-9)?

4. Leia Cântico 5:9-16. A esposa apelou para suas amigas (as "filhas de Jerusalém", 5:8), e elas responderam sarcasticamente, desafiando-a a explicar o que havia de tão especial no marido dela que justificasse seu esforço em encontrá-lo (especialmente depois de ela mesma nem se esforçar para sair da cama e recebê-lo!). Sua resposta nos versos 10-16 mostra que ela havia se arrependido profundamente pela sua indiferença, que deixou o amor se esfriar. Jesus também confrontou a igreja de Éfeso por haver perdido seu primeiro amor por Ele (Apocalipse 2:4-5). Da mesma maneira, a Sulamita recorda as virtudes do amado que a haviam atraído a ele no início do relacionamento.
   a. Liste as descrições que ela faz do amado, notando as que se referem à aparência física e as que tratam da nobreza de caráter dele.
   b. Que lições podemos tirar dessa renovação de foco em meio ao conflito conjugal?

5. Leia Cântico 6:1, que é a resposta das mesmas mulheres que haviam questionado se o marido da Sulamita era tão diferente dos demais homens. Antes, as palavras céticas delas efetivamente diziam: "Todos os homens são iguais; só querem uma coisa. Deixe para lá, um dia ele volta!". A resposta da Sulamita ao ceticismo das mulheres culminou na descrição de 5:16: "Ele é totalmente desejável. Assim é o meu amado, assim é o meu esposo, ó filhas de Jerusalém". Com isso, tudo mudou. As mulheres que eram "do contra" agora querem muito encontrar esse príncipe encantado. Que lições podemos tirar disso?

a. De que forma a maneira de nos referirmos ao cônjuge influencia a perspectiva de outros sobre ele? Qual é o perigo de compartilharmos os defeitos do cônjuge, e não as virtudes, com os outros? De que maneira isso pode influenciar negativamente as pessoas solteiras?

6. Leia Cântico 6:2-3. Nessa altura, a Sulamita já sabe para onde foi o marido. Ele não procurou outra mulher, muito menos a pornografia ou outra forma de se satisfazer. Ele desceu para um lugar predileto, de paz e de reflexão. Nesse momento, a Sulamita recita pela segunda vez o segundo refrão do livro (2:16): "Eu sou do meu amado, e o meu amado é meu". Como na primeira vez, quando que mencionou as raposinhas devastando o jardim do amor, a declaração de exclusividade vem em meio ao conflito e ao perigo.
    a. Que lição a Sulamita aprendeu pela experiência de conflito conjugal?
    b. Qual mudança há no refrão em 6:3 quando comparado com 2:16? Será que a mudança de ordem das cláusulas de "posse" e "pertencimento" reflete um amadurecimento no amor? (A progressão do outrocentrismo do casal culmina na declaração de 7:10, "Eu sou do meu amado", sem sequer mencionar "e ele é meu".) A frase "ele apascenta o seu rebanho entre os lírios" sugere que o compromisso para com a exclusividade do relacionamento a dois fornece paz e segurança que permitem que conflitos sejam resolvidos pelo perdão.

7. À luz de 1Coríntios 7:3-4, como o casal de Cântico poderia ter evitado essa confusão e conflito? Como os casados podem encontrar equilíbrio em questões que envolvem sua intimidade?
    a. O autor Gary Thomas, em seu livro *Casamento sagrado*, sugere que aprendemos mais sobre a espiritualidade do cônjuge na cama do que no culto.[1] Você concorda? Até que ponto o outrocentrismo de Cristo deve reinar também na cama do casal?

---

[1] Gary Thomas. *Casamento sagrado*, p. 216.

8. Avalie estas declarações:
   "O segredo de um amor maduro não é tanto possuir, mas pertencer" (Carlos Osvaldo Pinto).
   "A grande vantagem do compromisso matrimonial que não aceita o divórcio como opção é que estabelece limites firmes dentro dos quais os problemas podem ser resolvidos" (Craig Glickman).
   "A resolução de conflito conjugal começa com o retorno ao primeiro amor num contexto em que pertencer é mais importante que possuir, e perdoar, mais presente do que culpar" (David Merkh).

9. Olhando para o episódio de conflito depois da consumação do casamento, quais são as principais lições que podemos aplicar em nossos casamentos?

▶ Para oração
Como grupo, clamem a Deus para que a vida outrocêntrica de Cristo seja manifestada no relacionamento íntimo de cada casal e em outras esferas da vida a dois. Peça que Deus renove o primeiro amor dos casais, focando as virtudes, e não os defeitos de caráter do cônjuge.

▶ Para reflexão
Em que situações as pessoas são tentadas a falar mal do cônjuge? O que podemos aprender com a maneira de cada um falar sobre o outro neste texto, apesar do conflito?

Como o casal pode crescer em amizade ao longo do casamento?

▶ Tarefa final
Leia o Comentário 6 antes do próximo encontro.

COMENTÁRIO 6

Certa vez alguém comparou o casamento às moscas na tela da janela da cozinha: as que estão fora querem entrar, e aquelas que estão dentro querem sair. Para evitar o segundo quadro, e facilitar que o primeiro aconteça sem maiores prejuízos, Deus nos deu o livro de Cântico. Traça de forma poética, romântica, mas também realista, a história do amor de um casal que passou pelos mesmos altos e baixos que caracterizam quase todos os relacionamentos humanos desde Gênesis 3.

A próxima foto no álbum da história do seu amor começa após a lua de mel do casal encantado. Eles encaram a dura realidade de que o rotineiro desafia o romântico. O primeiro conflito entra na história do seu amor. O que fazer quando o romance parece ter desaparecido?

Ao que tudo indica, o casal, especialmente a esposa, entra numa espécie de rotina que traz desafios ao relacionamento. Algum tempo se passou depois das núpcias. Isso se evidencia pelo fato de que ele não mais a chama de "minha noiva" como fez nas núpcias pelo menos seis vezes (4:8-12; 5:1). Tudo indica que o marido passou um tempo fora, talvez numa viagem oficial para cuidar de questões administrativas do reino, ou talvez uma inspeção dos seus campos e rebanhos. Mesmo distante, seu coração batia pela amada. Ele pensava nela durante toda a viagem de volta para casa. Chega tarde no palácio, com o orvalho da noite no cabelo e desesperado por reencontrar sua amada.

O texto trata de uma realidade presente na vida conjugal de muitos casais. Como lidar com o rotineiro? Como perseverar no amor?

> O oposto de amor não é ódio, mas indiferença. Se alguém o odeia, pelo menos o considera uma pessoa significativa. Mas se o trata com indiferença, ele o considera como "zero" [...]. A indiferença sinalizou uma quebra no relacionamento deles.[2]

---

[2] S. Craig GLICKMAN, *Solomon's Song of Love*, p. 61.

É pelo menos um pouco irônico o fato de que, antes das núpcias, também em sonho, a Sulamita não suportava a possibilidade da ausência do marido. Fez de tudo para agarrar-se nele e não deixá-lo ir embora (3:1-4). Como o tempo muda as coisas! Agora ela não se dá ao trabalho de se levantar da cama para abrir a porta para ele!

A importância da perseverança no compromisso conjugal ocupa a atenção de Cântico daqui até o final do livro. Nessa primeira parte, encontramos a causa do conflito no amor adormecido e os primeiros passos para sua resolução, o amor acordado.

I. A CAUSA DO CONFLITO: AMOR ADORMECIDO (5:2-8)

² Eu dormia, mas o meu coração estava acordado. Eis a voz do meu amado, que está batendo: Deixe-me entrar, meu amor, minha querida, minha pombinha sem defeito, porque a minha cabeça está cheia de orvalho, e os meus cabelos, das gotas da noite.

³ Já tirei a minha túnica! Como posso vesti-la outra vez? Já lavei os pés! Como voltar a sujá-los?

⁴ O meu amado meteu a mão pela fresta, o meu coração estremeceu.

⁵ Eu me levantei para abrir a porta ao meu amado. As minhas mãos destilavam mirra, e os meus dedos deixavam escorrer mirra preciosa sobre a tranca da porta.

⁶ Abri a porta ao meu amado, mas já ele se tinha se afastado e ido embora. Eu tinha estremecido, quando ele me falou. Busquei-o, mas não o achei; chamei-o, mas ele não respondeu.

⁷ Os guardas, que rondavam a cidade, me encontraram; eles me espancaram e me feriram; tomaram o meu manto.

⁸ Filhas de Jerusalém, jurem: se encontrarem o meu amado, digam que estou morrendo de amor.

A cena abre com a Sulamita num momento em que não sabia se estava acordada ou dormindo.³ Alguns questionam se os eventos

---

³ Como muitos têm observado, Cântico parece traçar pelo menos dois momentos de sono semelhantes (3:1-5; 5:2-8). Tanner ("The History of Interpretation of the Song of Songs",

descritos aconteceram só no sonho (que alguns acreditam ser o caso em 3:1-4), ou se ela estava sonhando e de repente acordou com a chegada do amado. De qualquer jeito, a descrição de eventos é muito parecida com a realidade experimentada por quase todos os casais, e foi registrada para nosso benefício (cf. Romanos 15:4), para aprender com o casal não somente o que aconteceu, mas o que acontece.

Todo casamento passa por altos e baixos, e não foi diferente com Salomão e a Sulamita. A evidência de conflitos se manifestou no relacionamento íntimo do casal, mas como quase sempre é o caso, a crise na sexualidade é resultado de problemas mais profundos. Aprender a lidar com os desencontros na vida faz parte do amadurecimento do amor e, no fim, aproxima o casal ainda mais. Se as palavras-chaves antes do matrimônio foram "paciência" e "pureza", a mais importante agora será a "perseverança" no amor. Como observa Carlos Osvaldo, "Os conflitos são resolvidos quando a disposição continua mesmo que não haja correspondência".[4]

Enquanto ela dormia, ouviu a voz do amado à porta, batendo e pedindo entrada. Talvez estranhemos o fato de o marido não ter a chave do quarto, mas no palácio, era comum o casal ter aposentos separados. A porta estaria trancada, talvez fechada com uma grande barra por dentro.

O clamor dele mostra que ele não perdera nada da sua paixão. Em nenhum outro lugar no Cântico ele usa tantos termos de afeição. "Suas palavras funcionam apenas como um eloquente contraste à resposta apática da sua esposa."[5] Ele a chama de "minha irmã" (4:9; "meu amor" na NAA), "minha querida" (cf. 1:9,15; 2:2,1013; 4:1, 7; 6:4), "minha pombinha" (2:14; 6:9) e "sem defeito" — a primeira e única vez que ele usa essa descrição![6] Seria impossível não perceber sua paixão nem reconhecer suas intenções.

---

p. 146-147) identifica cinco elementos em comum a ambos: a) No início, há a menção de que a noiva dormia; b) A noiva sai à noite para buscar o noivo, mas não consegue encontrá-lo (3:1; 5:6); c) Ela encontra os guardas (3:3; 5:7); d) Na conclusão, a noiva se dirige às filhas de Jerusalém (3:5; 5:8); e) Os episódios estão antes e depois do relato do casamento (3:6—5:1).

[4] Carlos Osvaldo Pinto, áudio, maio-junho 2011.

[5] S. Craig GLICKMAN, *Solomon's Song of Love*, p. 62.

[6] "Sem defeito" ou "imaculada minha" (RA) ou, literalmente, "perfeito, sem defeito" (תָּמָתִי, *tamatí*) foi usado para falar da "integridade" de Jó (Jó 1:1,8; 2:3).

No entanto já era tarde. Talvez ele fosse um pouco inconveniente, pelo menos da perspectiva dela, procurando-a de forma tão inesperada, tão tarde, ainda com o orvalho da noite sobre sua roupa e cabeça. Talvez ele houvesse apressado a viagem de volta para surpreendê-la, pensando em seu reencontro a viagem toda só para ser rejeitado na chegada. Mas o bonito na história, como ela perceberá depois, é que ele continua apaixonado por ela. Ela, por sua vez, demonstra insensibilidade total à fragilidade do ego masculino no que diz respeito à rejeição sexual.

Infelizmente, ela não está tão disposta. Começa a dar mil desculpas, como descobrimos nas linhas e entrelinhas do versículo 3. Ela já tinha completado todos os preparativos de beleza antes de ir para a cama, estava praticamente dormindo e descalça; o chão estava frio e sujo, e seria esforço demais ter que colocar algum roupão e chinelo, atravessar o quarto e abrir a porta para ele. Resumindo, em linguagem contemporânea, ela estava com "dor de cabeça".

Glickman aponta o maior defeito dela naquele momento: "Ela tinha se esquecido de que o propósito principal de qualquer tratamento de beleza noturno era para ele e que, à parte dele, não havia razão de se preparar".[7]

Nessa hora, ela percebe que o marido, em desespero, tentava abrir a porta, passando a mão pela grade para tentar desfazer a fechadura, mas sem sucesso (5:4a).

Nisso, o coração dela finalmente se comoveu (v. 4b; o termo hebraico significa que ela sentiu profunda compaixão por ele; cf. Isaías 16:11; Jeremias 31:20) e se levantou para abrir a porta, mesmo a contragosto (v. 5a). Ao colocar a mão na maçaneta, descobre que ele havia deixado uma lembrança: a maçaneta estava coberta de mirra, um perfume caro, às vezes associado com a intimidade sexual (cf. Provérbios 7:17; Cântico 4:6; 5:13). Ele havia se preparado para o reencontro, mas ela, não.

Infelizmente, já era tarde. Rejeitado, o amado decide deixá-la em paz e se retira (5:6). Ele tinha opções. Como rei e marido, poderia ter insistido, até com indignação, que ela abrisse a porta. Mas sua ira somente teria confirmado que ele era igual a todos os outros homens e

---

[7] S. Craig GLICKMAN, *Solomon's Song of Love*, p. 65.

talvez justificado a reação dela. O contrário aconteceu: sua paciência e sensibilidade despertaram o amor nela.[8] Ele realmente era diferente dos outros homens!

A paciência dele, sua paixão por ela e a gentileza com que a tratou (por não "forçá-la" a atender-lhe naquele momento inoportuno) combinaram para quebrar — e despertar — o coração apático e indiferente dela. Talvez a Sulamita tenha começado a pensar: "Ele trabalhou o dia inteiro e precisa de companhia; entre tantas opções de lazer, ele me buscou". Depois, deve ter se lembrado de que o havia considerado um sachê de perfume entre os seios — ele era o perfume da vida dela — e até deixou um lembrete de que continuava disposto a ser o que sempre fora.[9]

Agora ela experimenta as emoções mistas de tristeza pelo erro, pânico pela dor que causou a Salomão e confusão sobre como responder. A letargia se transforma imediatamente em ação: ela o chama, o busca, mas descobre que acordou tarde demais (5:6).

Assim, a amada sai à procura do marido. Essa vez é diferente da primeira, quando saiu (pelo menos em sonho) atrás do amado e foi encontrada pelos guardas da cidade (3:1-4). Naquela noite ela foi cordialmente atendida. Dessa vez, sua identidade passa despercebida pelos guardas, que percebem o seu véu e imaginam que ela talvez seja uma "mulher da noite" (cf. 1:7). Ela foi espancada e ferida, e lhe tiraram o véu (5:7).[10]

Finalmente, ela apela às "amigas" — as filhas de Jerusalém — por socorro. Entrega-lhes um recado de amor numa espécie de correio elegante: "Digam que estou morrendo de amor" (5:8; a mesma frase que usou em 2:5, antes do casamento).

Aplicações

1. Todo casamento desde Gênesis 3 passará por problemas! Entre eles, a indiferença, o egoísmo, o orgulho e as mágoas. Mas as tempestades

---

[8] Idem, p. 64.
[9] Carlos Osvaldo Pinto, áudio, maio-junho 2011.
[10] É difícil dizer se há paralelos entre essa história e a de José, que deixou a túnica nas mãos da esposa de Potifar (Gênesis 39:12).

podem fazer com que as raízes do casal se entrelacem no solo da graça e do compromisso indissolúvel. Muito melhores são as palmeiras plantadas e arraigadas na praia do que aquelas de canteiros rasos no shopping, as quais o primeiro vento adverso derrubaria. Os casais sábios se preparam para essas tempestades, aprendendo a lidar com tensão e conflitos no lar: com respostas brandas (Provérbios 15:1); ira prontamente resolvida (Efésios 4:26); comunicação direta (Mateus 18:15-20; Gálatas 6:1) e perdão (Mateus 18:21-35).
2. Os maridos precisam da maturidade outrocêntrica de Cristo para reagir com brandura e não com mágoas à rejeição. O orgulho de Salomão poderia ter sido ferido, e ele poderia ter cultivado mágoas (Colossenses 3:19), ao invés disso, ele partiu, deixando um presente em vez de tentar "forçar" o amor. Que exemplo do sacrifício de Cristo (Efésios 5:25-33)!
3. Esposas (e maridos) precisam tomar cuidado para não se envolverem tanto nas tarefas do dia a dia a ponto de se esquecerem do cônjuge.
4. O marido teria algumas opções quando rejeitado pela esposa, mas somente a última a seguir reflete o amor de Cristo:
- Cultivar mágoas: "Ela não me dá o que preciso, então vou procurar o que quero em outro lugar (pornografia, adultério, prostituição)".
- Insistir com a mulher contra a vontade dela.
- Perseverar no amor, continuar no romantismo e esperar mudanças na esposa.

II. A RESOLUÇÃO DO CONFLITO: O AMOR ACORDADO (5:9-16)

⁹ O que é que o seu amado tem que os outros não tenham, ó mais bela das mulheres? O que é que o seu amado tem que os outros não tenham, para que você nos faça jurar?
¹⁰ O meu amado é alvo e rosado, o mais destacado entre dez mil.
¹¹ A sua cabeça é como o ouro mais depurado, os seus cabelos ondulados são pretos como o corvo.

¹² Os seus olhos são como pombas junto ao ribeiro, brancas como leite, banhando-se junto às correntes das águas.
¹³ As suas faces são como canteiros de bálsamo, como colinas de ervas aromáticas. Os seus lábios são como lírios que gotejam mirra preciosa.
¹⁴ As suas mãos são cilindros de ouro, enfeitados de turquesas. O seu ventre é como alvo marfim, coberto de safiras.
¹⁵ As suas pernas são colunas de mármore, assentadas sobre bases de ouro puro. O aspecto do meu amado é como o do Líbano; ele é elegante como os cedros.
¹⁶ O seu é muito suave; sim, ele é totalmente desejável. Assim é o meu amado, assim é o meu esposo, ó filhas de Jerusalém.

Os primeiros passos da reconciliação já foram traçados. Ele não insistiu no que tanto queria, mas deixou para ela uma lembrança carinhosa da sua afeição e do fato de que ele pensava nela enquanto viajava. Ela se arrependeu da indiferença e foi atrás dele para consolá-lo. Agora o texto traça os passos da reconciliação do casal.

A. O DESAFIO (5:9)

Depois de apelar às filhas de Jerusalém para entregar um recado para o amado (v. 8) ela é desafiada pelas próprias amigas a pensar no que ele diferia de outros "amados" (v. 9). Podemos imaginar o desafio mais ou menos assim: "O que é tão especial no seu marido, Sulamita? Você acha que ele é diferente? Esqueça! Todos os homens são iguais. Só querem uma coisa. É problema dele. Deixe para lá".

A resposta dela está nos versículos 10-16.

B. A RESPOSTA (5:10-16)

A resposta às filhas de Jerusalém, em resumo, diz que o marido é totalmente desejável (v. 16). Ela lista uma série de qualidades tanto externas como internas que distinguem Salomão de todos os outros. Mais uma vez, devemos lembrar que, embora ela tivesse razão e que Salomão fosse bonito, esbelto e gentil, dificilmente ele seria perfeito. O ponto principal é que, para a amada, ele era perfeito. Recordar aquilo que a atraiu ao amado no início conduz o casal de volta ao primeiro amor.

Aprendemos uma lição importante para casais em conflitos: um passo em direção à restauração é focar nas virtudes, e não nos defeitos do outro. A tendência, com o passar do tempo, é refletir no negativo, e não nas qualidades de caráter que atraiu um ao outro no início do relacionamento.

Veja as descrições que ela usa para despertar o amor novamente. Em termos populares, ela o via como um gato:

- Ele era alvo e rosado (v. 10). Parece uma contradição, mas a ideia da palavra "alvo" é "brilhante", como traduz a A21 — "o meu amado brilha e está moreno" — e a NVI, um pouco mais livremente — "o meu amado tem a pele bronzeada". "Rosado" (literalmente, "vermelho") também foi usado para descrever Davi, pai de Salomão (1Samuel 16:12: *"ruivo,* de belos olhos e boa aparência").[11] Para ela, o rei se destacava como único entre dez mil homens.
- A cabeça era como ouro refinado com cabelos pretos e ondulados (v. 11). A ideia não é que ele tinha o cabelo louro (dourado) e preto, mas que sua cabeça era nobre, digna e valiosa, e coberta de muito cabelo preto.
- Os olhos eram pombas (o mesmo elogio feito a ela em 1:15; 4:1) e traziam paz e tranquilidade (v. 12). A cor branca servia para acentuar a beleza dos olhos dele.
- As faces (bochechas ou barba) eram fragrantes e atraentes (v. 13a).
- Os lábios eram atraentes, tanto pela aparência como pelo que falavam (v. 13b).
- Os braços eram fortes, lindos e valiosos (v. 14).
- A cintura (tronco ou abdômen) era lisa e forte (v. 14b).

---

[11] G. Lloyd CARR, (*The Song of Solomon,* p. 139-140) propõe que o termo esteja relacionado à palavra hebraica para "homem", transmitindo a ideia de ele ser um "homem de verdade", um "macho".

- As pernas também firmes, fortes e valiosas, colunas de mármore sobre bases de ouro refinado (v. 15a).
- A aparência dele em geral tinha um efeito encantador, pois lembrava a Sulamita da sua terra natal na região do Líbano, terra dos cedros majestosos (v. 15b)
- Finalmente, ela descreve a fala dele, que é doçura suave (v. 16). A palavra traduzida por "fala" significa literalmente "paladar", e foi usada para representar a fala em outros textos (6:30; 31:30; Provérbios 5:3; 8:7).

Resumindo sua resposta para as filhas de Jerusalém, o amado era, sim, diferente dos demais, pois ele era totalmente desejável — um bom modelo para os homens imitarem. Ela foi encorajada a listar as virtudes dele e isso renovou seu amor pelo amado.

No final do seu discurso, a Sulamita acrescenta algo novo. Ela diz: "Assim é o meu amado, assim é o meu esposo, ó filhas de Jerusalém". A palavra "esposo" é mais bem traduzida por "amigo". A ideia abrangente do termo nos lembra de que o casamento é muito mais que atração física. É companheirismo. É ferro que com ferro se afia (Provérbios 27:17). É comunhão, parceria e sociedade (2Coríntios 6:14ss). "A abrangência do termo sugere que, em qualquer casamento bem-sucedido, existe amizade genuína assim como romance."[12] Esse aspecto do casamento também é ressaltado em Provérbios 2:16-17 e Malaquias 2:14. Carr conclui: "Existe franqueza refrescante na identificação do amado como sendo também seu 'amigo' — a amizade vai muito mais além da mera compatibilidade sexual e excitação. Feliz o homem ou a mulher cujo cônjuge também é seu amigo".[13]

Aplicação

Infelizmente, quando grupos de homens ou mulheres se formam em grupos pequenos, encontros sociais ou outras ocasiões, às vezes

---

[12] Paige PATTERSON, *Song of Solomon*, p. 93.
[13] G. Lloyd CARR, *The Song of Solomon*, p. 144.

o assunto se volta para o assassinato do caráter dos cônjuges. Essas rodas de escarnecedores (cf. Salmos 1:1) só servem para aumentar os conflitos normais entre os casais. Melhor é seguir o exemplo da Sulamita, que, tendo oportunidade, elogiou o marido. O marido sábio faz a mesma coisa em relação à sua esposa, e faz questão de elogiá-la publicamente (cf. Provérbios 31:28-31).

Um passo para a renovação do primeiro amor é a recordação daquilo que nos atraiu um ao outro no início do relacionamento. Às vezes, conselheiros bíblicos podem ajudar um casal em crise dando-lhes a tarefa de listar os atributos do cônjuge que os atraíram (e ainda devem atraí-los), assim fugindo da "Síndrome de Éden" em que cada um culpa o outro pelos problemas.

Casamento bíblico é baseado nos votos incondicionais de exclusividade e fidelidade, mas cresce em direção ao ideal de Deus pela amizade.

III. A INDAGAÇÃO (6:1)

¹ Para onde foi o seu amado, ó mais bela das mulheres? Que rumo tomou o seu amado, para que a ajudemos a encontrá-lo?

As filhas de Jerusalém falam novamente, diante da descrição impressionante que a esposa faz do amado. Agora elas querem achá-lo também! Há ironia aqui. Antes, elas a desafiaram a provar que o amado era especial a ponto de justificar uma procura tão urgente (5:8-9); agora, elas também querem encontrar esse "gatão".

IV. A SEGUNDA RESPOSTA (6:2-3)

² O meu amado desceu ao seu jardim, aos canteiros de bálsamo, para pastorear nos jardins e para colher os lírios.

³ Eu sou do meu amado, e o meu amado é meu; ele apascenta o seu rebanho entre os lírios.

A Sulamita responde, dizendo onde ela acha que o amado foi depois do desencontro. Há outras interpretações da resposta dela: em vez de lerem o texto como uma descrição do jardim em que ele se encontrava, entendem o texto como um eufemismo da reconciliação e de uma nova relação sexual do casal. E a menção do "jardim" nesse texto parece ser literal, enquanto a renovação da intimidade conjugal ainda aguarda outra oportunidade.

Ela parece desconfiar de que ele tivesse ido para um lugar favorito, um jardim especial que representava para ele paz e tranquilidade, especialmente nesse momento, quando ele havia experimentado rejeição e indiferença (v. 2).

Nessa altura, ela repete um dos principais refrãos do livro, que com uma mudança significativa: "Eu sou do meu amado, e o meu amado é meu". Antes do casamento, ela falou "O meu amado é meu, e eu sou dele", enfatizando em primeiro lugar o fato de ela possuir o amado. Agora, depois do conflito e sinalizando o amadurecimento do amor, ela inverte as frases, dando ênfase ao fato de que ela pertencia a ele![14]

Isso nos lembra da instrução do apóstolo Paulo para os casais cristãos: "Que o marido conceda à esposa o que lhe é devido, e também, de igual modo, a esposa, ao seu marido. A esposa não tem poder sobre o seu próprio corpo, e sim o marido; e também, de igual modo, o marido não tem poder sobre o seu próprio corpo, e sim a esposa" (1Coríntios 7:3-4). A vida outrocêntrica de Jesus deve caracterizar o relacionamento do casal, inclusive na entrega mútua do corpo, visando à plena satisfação do outro. Mais tarde haverá outra mudança no refrão que reflete a progressão do amor. Ela simplesmente dirá "Eu sou do meu amado" sem sequer mencionar "e ele é meu" (7:10).

O texto ressalta uma mensagem unânime nas Escrituras sobre a natureza do casamento como compromisso. Muito acima da paixão ou até mesmo da amizade e da intimidade, o casamento bíblico edifica-se sobre o alicerce do compromisso mútuo baseado nos votos conjugais. Dentro desse compromisso, os desafios, as desavenças e os desapontamentos da vida podem ser enfrentados com coragem e graça. Sem ele, qualquer dificuldade será motivo suficiente para procurar um escape.

---

[14] Vejas as notas de rodapé sobre 2:16.

Entendemos que o ponto de partida para manter esse tipo de fidelidade à aliança conjugal tem de ser a aliança que temos primeiro com Deus por meio de Jesus. S. Craig Glickman resume a lógica por trás desse raciocínio:

> Nosso caráter é moldado pelo nosso relacionamento com Deus. Quanto mais entendemos Deus e o conhecemos pessoalmente, e quanto mais aceitamos seu amor por nós e reconhecemos que é um amor zeloso, perseverante e de valor incalculável, tanto mais seremos capazes de expressar esse amor ao nosso cônjuge [...].
>
> Essencialmente, a chave do casamento é o compromisso de um para com o outro. É isso que tem de ser o fundamento. O Cântico de Salomão nos oferece um modelo no qual vemos que o fundamento do relacionamento do casal é um compromisso do tipo que Deus faz conosco. Sobre esse fundamento pode ser construído um relacionamento cheio de romance e beleza, mas não sem o outro fundamento.[15]

A Sulamita termina repetindo a frase "ele apascenta o seu rebanho entre os lírios", chamando atenção à natureza paciente e gentil dele que tanto lhe atraiu no início. Ou seja, o segredo de um amor maduro não é tanto possuir, mas pertencer![16]

APLICAÇÃO FINAL

1. O compromisso indissolúvel do casal para com os votos conjugais faz com que encontrem soluções para seus conflitos, custe o que custar. Como Glickman comenta: "A grande vantagem do compromisso matrimonial que não aceita o divórcio como opção são os limites firmes dentro dos quais os problemas podem ser resolvidos".[17]
2. Talvez uma mulher pense: "Se eu tivesse um marido tão perfeito como Salomão, eu teria a mesma reação". Houve um tempo em

---

[15] Glickman, entrevista.
[16] Carlos Osvaldo Pinto, áudio, maio-junho 2011.
[17] S. Craig GLICKMAN, *Solomon's Song of Love*, p. 70.

que seu marido era assim, o homem mais maravilhoso no mundo. Mas encanto e arrepio viraram ingratidão e tédio ao longo dos anos. "O coração de ingratidão tinha de ser transformado em um coração de apreciação."[18]
3. No namoro, acima de tudo, queremos possuir. Mas na maturidade, pertencer é melhor do que possuir.
4. "A habilidade do casal de ser bem-sucedido em seu casamento é igual à habilidade do casal de perdoar e aceitar perdão."[19]

> **GRANDE IDEIA**
> *A resolução de conflito conjugal começa com o retorno ao primeiro amor num contexto em que pertencer é mais importante do que possuir, e perdoar, mais presente do que culpar.*

---

[18] Idem, p. 68.
[19] Idem.

seção 7

A expansão do amor: perdão

CÂNTICO DOS CÂNTICOS

6:4 — 7:10

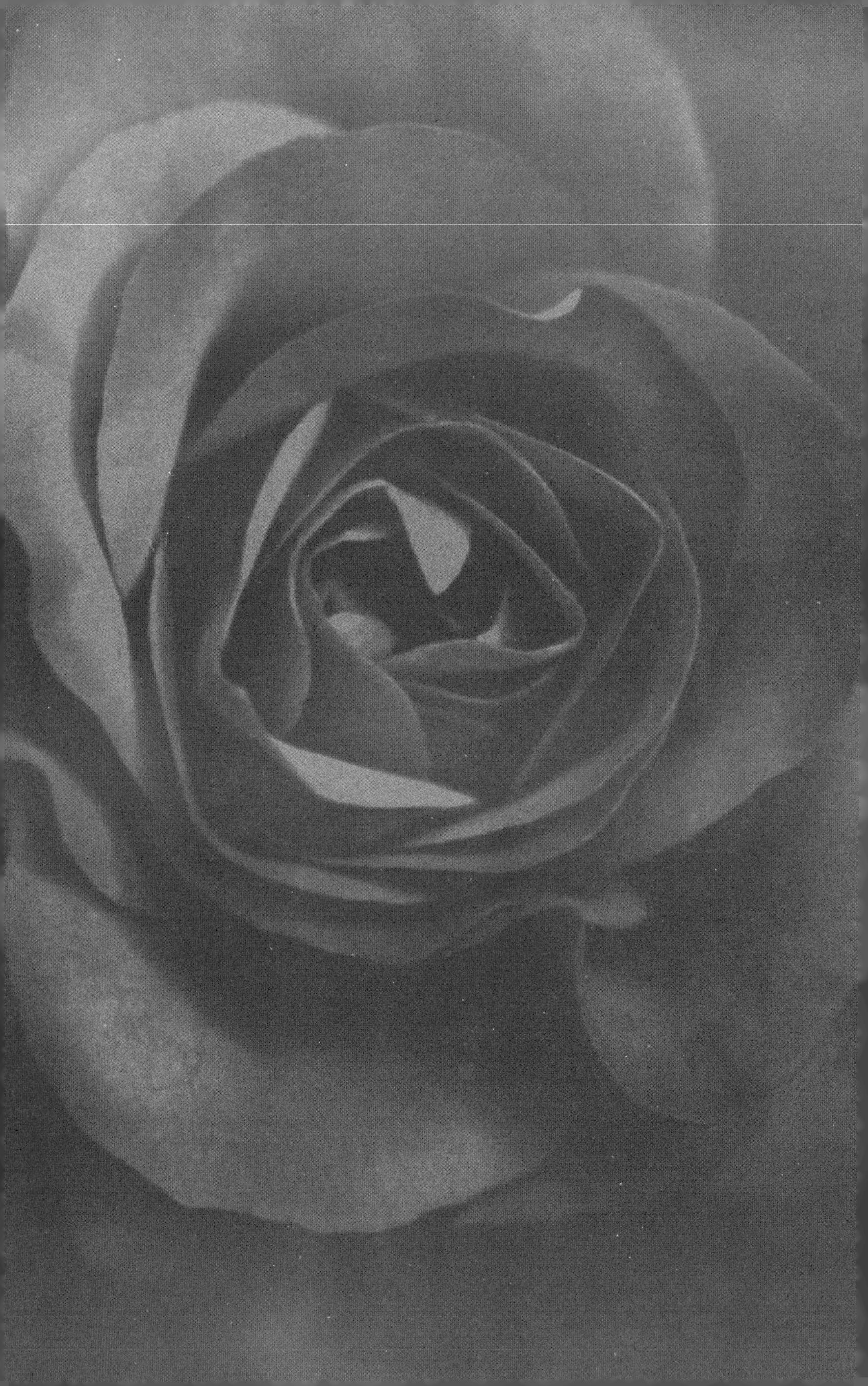

GUIA DE ESTUDO 7

▶ Instruções para o facilitador

Mais uma vez, este estudo toca em assuntos sensíveis como perdão e reconciliação. Exigirá sabedoria bíblica para lidar com eles. Esteja em oração para que Deus use os pontos principais do estudo para transformar corações.

O Comentário 7 responderá a algumas das questões técnicas de interpretação que provavelmente serão levantadas no decorrer da discussão. Tome cuidado para não ficar preso nelas ao ponto de perder o foco do estudo.

▶ Propósito do estudo

Levar os membros do grupo a reconhecer que só o perdão de Cristo consegue reverter os efeitos desastrosos do pecado nos relacionamentos familiares.

▶ Objetivos

No fim do estudo, os membros do grupo devem:
- Entender que é possível sair de uma crise conjugal com um amor mais profundo e maduro.
- Adotar o padrão de palavras brandas para desviar o furor em conflitos conjugais (Provérbios 15:1).
- Praticar o perdão bíblico na resolução de desavenças.

▶ Sugestão de dinâmica inicial

Peça que os membros do grupo identifiquem marcas de um casamento saudável. Certamente uma das características principais é a prática do perdão diante das inevitáveis ofensas que se levantam quando dois pecadores dizem "sim".

Outra característica do amor verdadeiro é a perseverança. Esse tema, o terceiro de Cântico (já vimos a importância de paciência e pureza), estará em foco até o final do livro.

▶ **Perguntas para discussão**

1. Vimos no estudo anterior que o casal enfrentou seu primeiro grande desafio do casamento: a rotina criou indiferença e conflito conjugal. Porém a renovação do primeiro amor por meio da lembrança das virtudes de cada um, junto com a prática do perdão e o do outrocentrismo de Cristo, encaminhou o casal à restauração. A partir de Cântico 6:4, o marido fala pela primeira vez desde que fez suas grandes declarações de amor em 5:2, ocasião em que seus avanços amorosos foram rejeitados pela esposa.
   a. A tensão nas entrelinhas do texto é "Como será o reencontro do casal? Como o marido irá responder diante da rejeição dolorosa que sofreu?".
   b. Leia Cântico 6:4-10 para descobrir a resposta. Como você caracterizaria as palavras do marido para a esposa? Sua resposta é o que esperaríamos de um homem rejeitado?

2. Note que as descrições que Salomão faz da Sulamita repetem os elogios da noite das núpcias, sem os elementos sensuais (ele não fala dos lábios nem dos seios dela). Ele parece dizer que o amor por ela não dependia do sexo, e o que ele mais queria era *ela*, não somente a intimidade com ela.
   a. Leia Provérbios 15:1. Como Salomão praticou o princípio desse texto?
   b. Se pelo menos um cônjuge praticasse Provérbios 15:1 em cada conflito conjugal, dificilmente teríamos separações, divórcios ou casais convivendo com mágoas. De que maneira prática podemos dar uma palavra branda em meio a conflitos conjugais?

3. Adão culpou sua esposa para salvar a própria pele quando confrontado por Deus no jardim (Gênesis 3:13). Jesus, porém, tomou sobre si a nossa culpa, sendo ele inculpável (2Coríntios 5:21). Paulo chama os maridos cristãos a seguirem o modelo do último Adão, Jesus, em sua maneira de amar sua noiva, a igreja (Efésios 5:25-33).
   a. Com qual dos dois — Adão ou Jesus — Salomão é mais parecido nesse texto? Como?

b. Podemos encarar as palavras de Salomão como uma declaração de perdão. Ele não guardou mágoas, mas perdoou de coração. O que Paulo exorta aos maridos cristãos em Colossenses 3:19? Como alguns homens tratam a esposa com amargura?

4. Leia Cântico 6:11-13. Esse é um dos textos mais difíceis de interpretar em todo o livro. A Sulamita (identificada aqui dessa forma pela primeira vez no livro) responde à declaração de amor do marido. O uso da designação "Sulamita" nesse momento pode ser uma referência sutil à paz madura e complementar que caracteriza a reconciliação entre os dois. "Salomão" e "Sulamita" são termos relacionados à palavra "paz" (*shalom*) no hebraico, como se o homem da paz encontrasse paz na mulher da paz. A Sulamita descreve o reencontro e a reconciliação com o marido em termos de uma nova primavera no relacionamento (v. 11; cf. 2:8-13). Os versículos 12 e 13 têm sido traduzidos de muitas maneiras, mas parecem relatar como o rei levou a Sulamita de carruagem para um passeio ao redor da cidade. Aqueles que fitavam demais a beleza dela são advertidos a tirar os olhos daquela que pertencia ao rei. Em tudo, aprendemos que o relacionamento a dois tem de ser protegido a qualquer custo. Sugiram maneiras práticas de proteger o relacionamento conjugal.

5. Leia Cântico 7:1-6. Encontramos nesse texto o desfecho do conflito que começou a partir de 5:2. A renovação do relacionamento íntimo do casal selaria o perdão e levaria o relacionamento a um outro patamar. Eles saem da crise mais maduros, comprometidos e apaixonados. É possível que o relacionamento de um casal seja melhor depois do conflito quando o perdão é praticado. Note que a primeira vez que o noivo descreveu a noiva, ele começou com a cabeça e foi descendo no corpo dela. Dessa vez, ele começa descrevendo os pés e então sobe à cabeça. Mais notável ainda é que o marido aumenta a lista de qualidades da esposa de sete (na noite das núpcias) para dez (depois do conflito) itens.

a. O que isso nos ensina sobre o poder do perdão? Que esperança o texto oferece para casais em crise?

6. Leia Cântico 7:7-9. O marido expressa seu desejo de consumar novamente a relação, efetivamente selando o perdão pela mútua entrega de seus corpos. O texto é explícito, mas mantém o bom gosto e a sensibilidade. Note como o marido apaixonado mistura metáforas (seios como cachos de uva em palmeira, com aroma de maçãs e sabor de vinho!) Parece que está enlouquecido pelo amor! A implicação do texto, especialmente com a troca de expressões de prazer no v. 9, é que o casal consumou o perdão pela união sexual.
   a. Por que é importante o casal não admitir períodos prolongados de "jejum sexual" em seu relacionamento? Veja as diretrizes de 1Coríntios 7:5.
   b. Comente esta declaração: "A passagem indica que a intimidade sexual não é um meio para a resolução de problemas conjugais, mas a medida dessa resolução".[1]

7. Leia Cântico 7:10. Essa é a terceira e última vez que o refrão da exclusividade se repete no livro, novamente num momento estratégico na vida do casal. A Sulamita modifica a declaração outra vez, omitindo a ideia de "posse" para enfatizar o fato de que ela pertencia exclusivamente ao marido: "Eu sou do meu amado". Veja a progressão do amadurecimento do amor outrocêntrico:
   • 2:16 "O meu amado é meu, e eu sou dele".
   • 6:3 "Eu sou do meu amado, e o meu amado é meu".
   • 7:10 "Eu sou do meu amado".

Parece que, agora, ela se perdeu no amor dele, e esqueceu-se de si mesma!
   a. Comparando as três declarações, o que podemos concluir sobre o amadurecimento do amor ao longo da vida? Como essa progressão reflete o outrocentrismo de Cristo no casamento?
   b. A frase "e ele tem saudades de mim" parece ecoar as palavras usadas no oráculo de disciplina proferido quando Adão e Eva

---

[1] Carlos Osvaldo PINTO, *Foco e desenvolvimento*, p. 583.

pecaram (Gênesis 3:16b). Deus disse que o "desejo" da mulher seria contra o marido e que ele iria oprimi-la. A mesma palavra agora parece sinalizar a reversão da maldição — o marido "deseja" ("tem saudades") da mulher, em vez de oprimi-la. Assim, avalie esta declaração: "Somente o perdão de Cristo é capaz de reverter os efeitos desastrosos do pecado nos relacionamentos familiares". Até que ponto é verdade? Como podemos ter famílias mais cristocêntricas?

8. Qual deve ser o foco de cada cônjuge quando o casal passa por conflitos? Culpar o outro? Mostrar que tem razão? Ganhar a guerra? Como Salomão e a Sulamita deixaram um bom exemplo nesse sentido?

▶ **Para oração**

Como grupo, clame a Deus por sabedoria para faz de situações de conflito oportunidades de crescimento e demonstração do amor (e do perdão) de Cristo no relacionamento. Peça que palavras brandas sejam a primeira resposta em vez de ira, mágoas e confusão quando houver desavenças.

▶ **Para reflexão**

1. Avalie a declaração: "O perdão é algo sobrenatural que somente é possível existir quando entendemos o quanto Deus nos perdoou".
2. Como Deus pode usar conflitos conjugais para aprofundar e amadurecer o relacionamento?

▶ **Tarefa final**

Leia o Comentário 7 antes do próximo encontro.

COMENTÁRIO 7

Qual é a marca dos casais saudáveis? Liev Tolstói abre seu livro de ficção *Anna Kariênina* com a declaração: "Todas as famílias felizes se parecem, mas cada família infeliz é infeliz à sua maneira". Mas em que se parecem? Na ausência de conflito? Em filhos felizes? Numa vida sexual dinâmica e criativa?

Nenhuma dessas características reflete o ideal bíblico. Se tivéssemos que propor uma qualidade que melhor caracteriza casais (e famílias) saudáveis, essa seria o perdão. Todo relacionamento humano está sujeito a altos e baixos, vitórias e derrotas, conquistas e crises. Todos nós somos pecadores; pecadores pecam e machucam as pessoas ao seu redor; então precisamos lidar com crises e conflitos, ou nossos relacionamentos serão destinados ao fracasso.

Depois das núpcias, Salomão e a esposa enfrentaram o primeiro grande desafio do casamento: a rotina criou indiferença e levou a esposa a rejeitar os avanços românticos do rei. Porém diante da gentileza dele, que não insistiu com ela, mas conquistou-a novamente pela bondade (5:2-4), e mediante a renovação do amor dela enquanto lembrava tudo que fazia do amado um homem amável e único (5:10-16), o marido deixa claro que tudo foi perdoado e que continua tão disposto a amá-la como nas núpcias.

No texto, encontramos a declaração de amor (e, por implicação, do perdão) do marido (6:4-10); a reconciliação do casal (6:11-13), em que a amada é identificada como "Sulamita" (forma feminina de "Salomão", ou seja, o complemento perfeito dele); e, finalmente, a renovação do relacionamento do casal (7:1-9), culminando em uma declaração que faz o desfecho perfeito da história: "Eu sou do meu amado, e ele tem saudades de mim" (7:10).

Vamos acompanhar o enredo desse capítulo na novela do casal:

I. DECLARAÇÃO DE AMOR (PERDÃO; 6:4-10)

[4] Minha querida, você é bonita como Tirza, encantadora como Jerusalém, impressionante como um exército com bandeiras.

⁵ Desvie de mim os seus olhos, porque eles me perturbam. Os seus cabelos são como um rebanho de cabras que descem ondeantes de Gileade.

⁶ Os seus dentes são como um rebanho de ovelhas que sobem do lavadouro; cada um tem o seu par, e nenhuma está faltando.

⁷ As suas faces, como romã partida, brilham através do véu.

⁸ Sessenta são as rainhas, oitenta, as concubinas, e as virgens, sem número.

⁹ mas uma só é a minha pombinha sem defeito, a mais querida da sua mãe, a predileta daquela que a deu à luz. As outras mulheres a veem e dizem que ela é feliz; as rainhas e as concubinas a louvam.

¹⁰ Quem é esta que aparece como a alva do dia, bonita como a lua, pura como o sol, impressionante como um exército com bandeiras?

Depois de a esposa declarar que ela pertencia ao amado, e ele, por sua vez, pertencia a ela, Cântico passa para um momento em que ambos crescerão em maturidade e intimidade.

O marido fala, mas em vez de culpar a esposa pelos problemas no relacionamento (como fez Adão, cf. Gênesis 3:12), ele passa por cima do orgulho (e talvez do ego masculino) que foi ferido pela rejeição e renova suas declarações de amor incondicional por ela. É notável que o marido fale muitas das palavras que falou nas núpcias. Aparentemente nada mudou para ele! Ele ainda a amava como antes; ela ainda era a mesma jovem com quem ele se casou.

Mas há diferenças em suas declarações de amor. Curiosamente, ele omite as descrições anteriores que tinham conotação sensual. Por exemplo, ele não se refere dessa vez aos lábios nem aos seios dela, nem menciona as pernas/quadril. Até pede para ela desviar os olhos dele para não deixá-lo confuso. "Ele quer assegurá-la do amor que tem por ela, mas sabiamente se resguarda de um possível mal-entendido [...] a ideia de que a única razão que o levava a se ajustar com ela era para fazer amor."² O rei acrescenta elogios que não foram proferidos

---

² S. Craig GLICKMAN, *Solomon's Song of Love*, p. 72.

nas núpcias. Ou seja, em vários aspectos o amor deles se aprofundou e está mais maduro.

As primeiras palavras que ele fala não são de acusação ou culpa, mas de louvor e carinho (6:4). Esse é um exemplo do que Cristo fez por nós, e o que Paulo, pelo Espírito, pede de maridos cristãos. Adão culpou sua esposa para salvar a própria pele (Gênesis 3:13). Jesus, porém, tomou sobre si a nossa culpa, sendo Ele inculpável (2Coríntios 5:21). Maridos cristãos são chamados para seguir o exemplo de Jesus, que se entregou pelo bem da igreja, protegendo-a e purificando-a. Nesse momento, o rei foi um bom exemplo do amor de Cristo, que transforma homens egoístas e autoprotetores em maridos abnegados e outrocêntricos.

O marido a chama de "querida" pela terceira vez (cf. 1:9; 4:1), usando o feminino da palavra "amigo" (5:16). "Minha querida, você é bonita" como a linda cidade de Tirza, que seria a capital de alguns reis do norte, Israel (1Reis 15:21,33; 16:8,15,23); encantadora como a cidade santa, Jerusalém (capital do sul, Judá); impressionante ou "formidável" como um exército marchando para a guerra, com bandeiras anunciando sua chegada. A palavra "impressionante", usada somente três vezes no Antigo Testamento (duas vezes em Cântico para falar da esposa — 6:4,10 —, e em Habacuque 1:7 para falar dos soldados babilônicos, "pavorosos e terríveis") descreve o que é assustador e poderosamente influente. Este era o efeito que ela causava sobre ele: um profundo respeito!

Depois, em um versículo parentético, mas revelador, ele clama para que ela desvie os olhos, pois mexiam tanto com ele que não conseguiria terminar seu pequeno "discurso" (v. 5; cf. 1:15; 4:1). Os olhos dela o "perturbavam", palavra rara que traz a ideia de que criavam neles tempestades de confusão. Já é a terceira vez que ele menciona os olhos dela, que deveriam ser encantadores. Implícito é o fato de que ele não quer ser distraído para outros interesses, mas dizer o que estava no coração dele.

A partir desse momento, ele volta a repetir três dos elogios que declarou nas núpcias (v. 5b-7; cf. 4:1-4), falando do cabelo, dos dentes e das faces (bochechas; veja o ponto "A beleza da amada" no Comentário 5 para a explicação de cada elogio).

Essa é a maneira dele de declarar "Você é a mesma pessoa com quem eu me casei". É um contraste grande com o que muitos homens diriam: "Nunca imaginei que estava me casando com alguém assim". Então, é uma maneira poética de dizer: "Eu perdoo você. Eu a aceito como você está".[3]

Os versículos 8 e 9 são mais complicados. Pela primeira vez, o rei menciona outras rainhas, além das concubinas e virgens no palácio. Sabemos que, até o final de sua vida, Salomão teria um harém que incluía 700 esposas (rainhas) e 300 concubinas (1Reis 11:3). Já encontramos as "filhas de Jerusalém" várias vezes no livro. O ponto da comparação do versículo 9 é que a Sulamita excede a todas, a ponto de ser louvada por elas.

Uma das melhores e maiores formas de elogio é contar para uma pessoa os elogios que outras pessoas fazem dela. Aqui Salomão diz que a própria mãe dela a reconhecia como irrepreensível; as amigas, a chamavam de ditosa; até as outras mulheres da corte — as rainhas e concubinas — não paravam de cantar em louvor dela.

Fica a pergunta: Salomão já tinha outras mulheres? Caso sim, esse fato não minaria a mensagem do livro? Já tratamos um pouco dessa questão na introdução ao livro, mas vejamos quatro possibilidades:

1. O harém de 6:8 poderia ser o do pai, deixado depois da morte dele (cf. 1Reis 11:3).
2. As 60 rainhas (6:8) poderiam as esposas dos 60 homens valentes que acompanharam a liteira do rei como guardas, prováveis padrinhos na procissão matrimonial (3:7). Nesse caso, Salomão se refere às mulheres da corte como "belezas" do palácio, mas não necessariamente como esposas dele.
3. A Sulamita poderia ter sido o primeiro verdadeiro amor na vida de Salomão, enquanto as mulheres na corte eram meros símbolos de poder e/ou alianças políticas feitas por meio do matrimônio.

---

[3] Glickman, entrevista.

4. É possível que Salomão se refira a outras esposas e concubinas dele; mesmo assim, esse fato não mudaria a mensagem do livro, vista mais da perspectiva da Sulamita do que de Salomão.

O versículo 10 conclui o diálogo de reconciliação. Salomão repete o que disse no início do "discurso", que ela era "bonita" e "impressionante como um exército com bandeiras" (6:4). Na primeira vez, ele disse que ela era bonita como duas lindas cidades de Israel. Agora, ele vai além: ela é bonita como a lua e pura (brilhante) como o sol!

II. A RECONCILIAÇÃO DO CASAL: VAMOS PASSEAR! (6:11-13)

[11] Desci ao jardim das nogueiras, para ver os renovos do vale, para ver se brotavam as videiras, se as romãzeiras estavam em flor.
[12] Não sei como, imaginei-me no carro do meu nobre povo!
[13] Volte, volte, Sulamita! Volte, volte, para que nós a contemplemos.
Por que vocês querem contemplar a Sulamita na dança de Maanaim?

Após o marido fazer sua declaração de amor (e perdão implícito), ela responde, ainda de forma poética, usando figuras da primavera que expressam seu desejo de renovar o amor, assim como a primavera é época de renovação (cf. 2:8-14). Ela sabia que ele havia descido para seu jardim (6:2), para onde ela também desceu para ver se o amor dele continuava vivo, como o renovo da primavera.

Três figuras no versículo 11 apontam nessa direção. Ela foi ao jardim:

1. Para ver os renovos do vale.
2. Para ver se brotavam as videiras.
3. Para ver se floresciam as romãzeiras.

A resposta dela deixa claro o seu desejo por um novo começo, um retorno ao primeiro amor.

- O versículo 12 é um dos textos mais enigmáticos e difíceis de traduzir e interpretar em todo o livro. Isso fica evidente na comparação das versões:

- NVI/A21: "Antes de eu o perceber, a minha imaginação me pôs nos carros do meu nobre povo".
- NAA/RA: "Não sei como, imaginei-me no carro do meu nobre povo!".
- RC: "Antes de eu o sentir, me pôs a minha alma nos carros do meu povo excelente".
- NVT: "Antes que eu me desse conta, meu desejo me levou à carruagem de um nobre".

A ideia do versículo parece ser que o rei a honrou, colocando-a em sua carruagem na frente de uma procissão. Essa interpretação faz sentido à luz do próximo versículo, em que o povo clama para ela retornar, para que contemplem a beleza tão elogiada pelo rei.

É notável que nesse contexto de reconciliação a amada é chamada de "Sulamita" pela primeira vez. "Sulamita" parece ser o feminino de "Salomão", e sugere que ela era o complemento perfeito para ele. Para nós, algo parecido seria um casal com os nomes Roberto e Roberta, Flávio e Flávia, Marcelo e Marcela.

É fascinante ela ser identificada assim apenas agora. Por que aqui? Talvez pelo fato de que o amadurecimento do amor, apesar e por causa dos conflitos superados, está tornando cada um o complemento perfeito do outro. Esse fato se destaca somente pelo jogo de palavras no contexto da reconciliação do casal. O autor parece transmitir a ideia de que o casamento está amadurecendo enquanto os dois se adaptam um ao outro e aprendem a conviver em harmonia e paz — este é o significado da raiz dos seus nomes, *shalom*.

Essa parte do Cântico termina com outra cláusula enigmática, que parece ser uma pergunta feita pelo coro para o povo, indagando por que queriam contemplar a Sulamita na dança de Maanaim, ou seja, a dança diante de dois acampamentos ou exércitos (sobre os quais nada sabemos; cf. 2 Samuel 17:24). Talvez seja uma exortação para os outros, especialmente os homens (pois a palavra "querem contemplar" está na 2ª pessoa plural masculino), não fitarem demais a Sulamita, porque ela já pertencia ao rei.

III. A RENOVAÇÃO DO RELACIONAMENTO (7:1-10)

O desfecho do conflito que começou em 5:2 segue a reconciliação do casal. Eles saem da crise mais maduros, comprometidos e apaixonados. O amor deles está se aprofundando.

Pela segunda vez no livro, o casal celebrará a intimidade sexual, um dos frutos da reconciliação. Há diferenças marcantes entre a descrição feita nas núpcias e a de agora. As imagens são mais fortes e íntimas, e o marido é mais ousado na declaração do amor e prazer que encontra nela. A conclusão do texto (7:10) também mostra maturidade na maneira de a Sulamita encarar o relacionamento.

A. A preparação (7:1–6)

[1] Como são bonitos os seus pés nas sandálias, ó filha do príncipe!
As curvas dos seus quadris são como colares trabalhados por mãos de artista.

[2] O seu umbigo é uma taça redonda, onde nunca falta bebida; o seu ventre é um monte de trigo, cercado de lírios.

[3] Os seus seios são como duas crias gêmeas de uma gazela.

[4] O seu pescoço é como uma torre de marfim. Os seus olhos são como as piscinas de Hesbom, junto ao portão de Bate-Rabim. O seu nariz é como a torre do Líbano, voltada para Damasco.

[5] A sua cabeça é como o monte Carmelo; os seus cabelos são como a púrpura; um rei está preso nas suas tranças.

[6] Como você é linda! Como você é atraente, meu amor, com as suas delícias!

Depois da reconciliação, nada mais natural do que eles selarem o perdão de forma física. O marido descreve a amada, começando com os pés e subindo até a cabeça, de forma apropriadamente sensual para um casal casado, mas ainda suave e sensível. Na primeira vez que fez isso, nas núpcias, ele descreveu sete aspectos da aparência "perfeita" da esposa, de cima para baixo. Agora, ele aumenta a lista para dez qualidades de beleza e nobreza! "Maior conhecimento produziu amor mais profundo."⁴ Se há uma lição embutida aqui é o fato de que o casamento deve melhorar com o tempo!

Ele começa com os pés (7.1a), descrevendo a graciosidade e elegância dos seus passos (cf. Isaías 52:7; Romanos 10:15). Depois, descreve as curvas das suas pernas e seus quadris como sendo uma obra de arte (7:1b; cf. 5:6; Jeremias 31:19).

O versículo 2 soa estranho para nós, como outras figuras de linguagem na poesia pastoril de Cântico. A descrição do umbigo como taça redonda não significa que ela estava gorda, mas que o corpo dela, especialmente o abdômen, lhe satisfazia muito — ele ficava inebriado pelo amor dela. Se o umbigo dela era bebida suave, a barriga era comida para ele. Ela representava um banquete de amor!

Depois, ele volta a elogiar os seios, que inspiravam nele o desejo de acariciá-los, assim como a "fofura" de pequenos filhotes de uma gazela, com sua pele macia (7:3).

Os elogios do amado continuam subindo, agora descrevendo o pescoço como "torre de marfim" — digno, valioso, nobre (7:4a). Os olhos cativantes são descritos pela quarta vez no livro, como se fossem as piscinas na cidade de Hesbom, um lugar de refresco, descanso e tranquilidade em meio à agitação das entradas da cidade (7:4b).

Falar hoje que o nariz da esposa era como uma torre seria causa suficiente para o marido dormir no sofá, mas naquela cultura transmitia a ideia de dignidade e integridade (7:4c).

A cabeça dela é comparada ao monte Carmelo, uma das montanhas mais majestosas em Israel (7:5a; veja Isaías 35:2; Jeremias. 46:18), e o cabelo à púrpura, algo elegante e valioso. Assim como os olhos dela, as tranças o cativavam (7:5b).

O resumo da descrição está no versículo 6, e é semelhante ao que ela disse sobre o marido quando afirmou que "ele é totalmente desejável" (5:16). Ele declara: "Como você é linda! Como você é atraente, meu amor, com as suas delícias!" (7:6).

---

⁴ S. Craig GLICKMAN, *Solomon's Song of Love*, p. 85.

B. A resolução: *Desejo renovado (7:7-9)*

⁷ Esse seu porte é semelhante à palmeira, e os seus seios se parecem com os cachos.
⁸ Eu disse: "Vou subir na palmeira e colher os seus frutos". Sejam os seus seios como os cachos de uvas, e o aroma da sua respiração, como o das maçãs.
⁹ Os seus beijos são como o bom vinho...
...vinho que se escoa suavemente para o meu amado, deslizando entre os seus lábios e dentes.

Finalmente, eles estão prontos para renovar seu amor e selar o perdão fisicamente. Talvez a maior expressão do perdão e do amor outrocêntrico seja a entrega sexual de um para o outro. O texto é explícito, mas mantém o bom gosto e a sensibilidade. O marido está resoluto e declara que ela é como uma palmeira, alta, digna, linda, e que os seios dela eram como cachos no alto (7:7). A determinação dele aparece no próximo versículo, em que a metáfora da palmeira é misturada à ideia de cachos de uvas. Ele está determinado a subir a palmeira e acariciar os "cachos da vide", os seios dela, enquanto a beijava e sentia a fragrância da sua respiração, doce e deliciosa, intoxicante como vinho suave.

A maioria das versões e dos comentaristas nota uma transição rápida e sutil entre versículos 8 e 9. No meio da fala dele, ela o interrompe (note a referência ao "meu amado"), completando o que ele estava dizendo.

Ele: Os teus beijos são como o bom vinho...

Ela: ... vinho que se escoa suavemente para o meu amado, deslizando entre seus lábios e dentes.

O intercâmbio rápido de declarações de amor e prazer reflete bem o amadurecimento do amor e o momento de intimidade renovada.⁵

---

⁵ Existem diferenças na tradução da última parte do versículo 9. O texto pode ser interpretado como "e se escoa pelos lábios de quem está adormecendo" (A21); "escorrendo suavemente sobre os lábios de quem já vai adormecendo" (NVI) ou "que se bebe suavemente, e

C. Conclusão: a Queda revertida (7:10)

¹⁰ Eu sou do meu amado, e ele tem saudades de mim.

O texto passa rapidamente por cima dos detalhes da consumação da relação. As núpcias enfatizaram o propósito dela para consumar o casamento; esse trecho focaliza o propósito do sexo como a sustentação do matrimônio, o desfecho da reaproximação do perdão depois do conflito.

A esposa expressa a segurança no amor do amado, a qual tem se aprofundado. Note como evolui o refrão de exclusividade ao longo do livro:

- 1:16 "O meu amado é meu, e eu sou dele".
- 6:3 "Eu sou do meu amado, e o meu amado é meu".
- 7:10 "Eu sou do meu amado".

Agora a posse que o amado exerce é enfatizada. O foco da esposa está totalmente nele, e parece que se esquece de dizer que ele é dela também. Ela se perdeu no amor dele! Ou seja, no pleno amadurecimento do amor, é melhor pertencer do que possuir.

O acréscimo da frase "e ele tem saudades de mim" marca um novo ponto alto no relacionamento dos dois. Nas duas vezes anteriores, depois de afirmar a posse mútua, a Sulamita comentou que o marido pastoreava entre os lírios. Agora, ela enfatiza que:

1. Ela é possuída por ele (sem sequer mencionar que ele também lhe pertence).[6]
2. O "desejo" de controlar o marido, resultado da Queda, virou um desejo do marido em amar a esposa. (Infelizmente, com a hipersexualização e obsessão pela sensualidade de nossos dias, os homens procuram suas esposas cada vez menos. O sexo virtual está substituindo o sexo real; uma tragédia que fere os propósitos de Deus para o matrimônio.)

---

faz com que falem os lábios dos que dormem" (ACF). Tem-se, ainda, "deslizando entre seus lábios e dentes" (RA) e "que se escoa suavemente"(NAA).

[6] Veja as notas sobre 3:16.

A palavra traduzida por "saudades" é usada somente três vezes no Antigo Testamento: Gênesis 3:16b, 4:7 e aqui. Tem uma história interessante, que provavelmente faz alusão à reversão dos efeitos do pecado no relacionamento conjugal, conforme preditos em Gênesis 3:16b. Nesse texto, lemos que, como parte da disciplina divina e dentro do princípio da *lex talionis* (lei da retribuição), a mulher iria sentir "desejo" (a mesma palavra traduzida por "saudades") de controlar o marido, mas seria ele quem a dominaria. A ideia é que a mulher continuaria usurpando a autoridade e liderança do lar enquanto o homem seria um opressor. Em Cântico, lendo nas entrelinhas, entendemos que o ciclo se fechou: o casal se reconciliou, alguns dos efeitos naturais da Queda foram revertidos sobrenaturalmente, e o relacionamento do casal amadureceu muito. Glickman comenta, "Num casamento ideal, parte da maldição na humanidade é revertida".[7]

Köstenberger resume o profundo significado:

> Em vez do desejo ilegítimo da mulher de controlar seu marido, antevê-se a restauração do estado original, no qual o desejo do marido será por sua esposa. Mais uma vez, a mulher descansa tranquilamente na certeza de que ela é do seu marido, e o marido não domina sobre a mulher, mas a deseja. Daí, "o amor ser experimentado como um retorno ao paraíso". Como no jardim original, o homem e a mulher poderão estar nus e não se envergonhar (cf. Gênesis 2:25). É importante observar, porém, que essa restauração do amor humano é baseada na vinda do rei messiânico, o filho de Davi, e Salomão que é maior do que eles (cf. p. ex., Mateus 1:1; 12:42). Os paralelos em simbolismo entre Cântico dos Cânticos e Gênesis 1—3, a tipologia que envolve o amor entre homem e mulher e o tema messiânico que se estende de Gênesis 3:15 até a figura de Salomão, filho de Davi, em Cântico dos Cânticos e além, e o retrato idealizado nesse livro favorecem esse enfoque messiânico e escatológico de Cântico dos Cânticos.[8]

---

[7] S. Craig GLICKMAN, *Solomon's Song of Love*, p. 87.
[8] Andreas J. KÖSTENBERGER; Robert JONES, *Deus, casamento e família*, p. 46

CONCLUSÃO

Perdão exige uma obra sobrenatural no coração humano que, uma vez ofendido, sempre tenderá para ressentimento, mágoas e vingança. Todos nós somos vítimas e também culpados nos relacionamentos que nos cercam. Infelizmente, tendemos a machucar as pessoas mais próximas de nós.

Foi justamente por isso que Cristo invadiu nossa história. A graça infinita que Ele oferece para miseráveis pecadores se transforma numa fonte de amor e perdão da qual outros podem beber. Quando entendemos o quanto nós fomos perdoados por Cristo, ficamos livres para estender o mesmo perdão para outros. A história do servo malvado de Mateus 18:21-35 ilustra o outro lado: somente os perdoados conseguem perdoar. Grande graça requer grande graciosidade, começando no lar.

APLICAÇÃO FINAL

1. O conflito conjugal se resolve quando cada cônjuge cuida da sua parte do problema e oferece o mesmo perdão que primeiro recebeu de Cristo (cf. Mateus 5:23-26; 6:12,14,15; 18:21-35; Efésios 4:31-32).
2. Dois problemas-raiz no relacionamento conjugal são ingratidão e orgulho.[9]
3. O perdão é algo sobrenatural que se torna possível somente quando entendemos o quanto Deus nos perdoou (Mateus 18:21-35).
4. Embora o conflito conjugal tenha se originado no pecado humano no jardim do Éden, Deus pode usá-lo para aprofundar e amadurecer o amor (cf. Romanos 8:28-30).
5. A resolução de conflitos inclui reafirmações do amor incondicional junto com a verbalização dos motivos pelos quais cada um aprecia o outro.
6. Para resolver tensões familiares, é necessário que cada elemento envolvido se humilhe para pedir e/ou conceder perdão.

---

[9] Glickman, entrevista.

7. A base da resolução de conflitos é a exclusividade conjugal que não admite a possibilidade de separação ou divórcio (7:10).
8. O sexo não é o propósito do relacionamento conjugal, mas reflexo da unidade em diversidade do casal. Não se usa o sexo como arma, muito menos como curativo para reparar defeitos no relacionamento. "A intimidade sexual não é um meio para a resolução de problemas conjugais, mas a medida dessa resolução."[10]

> **GRANDE IDEIA**
> *Somente o perdão de Cristo é capaz de reverter os efeitos desastrosos do pecado nos relacionamentos familiares.*

---
[10] Carlos Osvaldo PINTO, *Foco e desenvolvimento*, p. 583.

# seção 8

A explicação do amor: recapitulação

CÂNTICO DOS CÂNTICOS
7:11 – 8:14

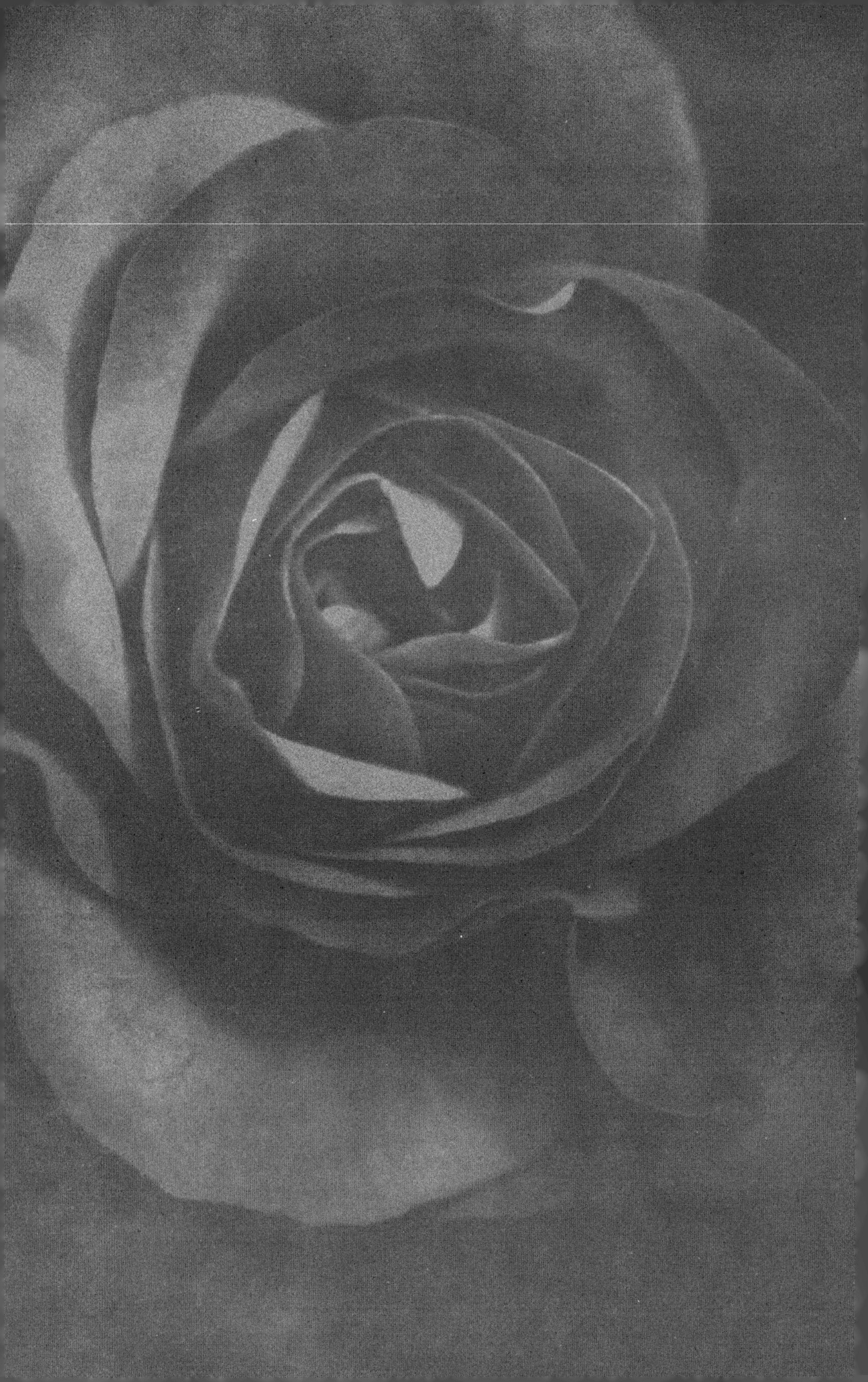

GUIA DE ESTUDO 8

▶ Instruções para o facilitador

Pela diversidade de assuntos presentes no final do livro, tome cuidado para não perder o controle do tempo. A não ser que tenham a possibilidade de continuar o estudo em outro encontro, mantenha a interação objetiva e contínua.

Além da dinâmica inicial sugerida aqui, convide um ou dois casais para dar um testemunho sobre algum aspecto do estudo que tenha marcado suas vidas.

Pense na possibilidade de organizar algum tipo de "formatura" dos casais, entregando um certificado de participação para cada pessoa que foi assíduo no acompanhamento dessa série de estudos.

▶ Propósito do estudo

Levar os membros do grupo a renovar sua perseverança e seu compromisso para com os votos conjugais.

▶ Objetivos

No fim do estudo, os membros do grupo devem:
- Recapitular princípios marcantes aprendidos ao longo do estudo do livro de Cântico.
- Recontar a história do casal Salomão e Sulamita e apontar lições práticas que descobrimos em seu romance.
- Listar os compromissos do amor verdadeiro que não falha.
- Reconhecer que somente Deus, em Cristo Jesus, tem poder para produzir as características do amor genuíno em nossas vidas.

▶ Sugestão de dinâmica inicial

Chegamos ao último estudo e ao final do livro de Cântico. Esse *grand finale* se assemelha às últimas páginas de um álbum de fotografias que, muitas vezes, inclui uma montagem de fotos que não cabiam em outros lugares. Sendo assim, também funciona como uma recapitulação de vários temas tratados ao longo do livro. O *pot-pourri* de assuntos finais faz o desfecho perfeito do livro.

Como dinâmica de recapitulação, procure recontar a história do casal Salomão e Sulamita. Peça que os membros do grupo contem a história desde o início, relatando tantos detalhes quanto conseguirem lembrar. Podem também destacar princípios e lições que aprenderam desde o início dos estudos.

▶ **Perguntas para discussão**

1. O final de Cântico dos Cânticos apresenta uma série de "vinhetas", ou seja, pequenos *flashes* que acrescentam detalhes ou recapitulam lições do livro, focando a verdadeira natureza do amor. Leia Cântico 7:11-13. A esposa, segura no amor do amado, agora toma a iniciativa e convida o marido para um encontro no campo. As imagens da primavera recapitulam outro momento em sua história (cf. 2:8-14), mas também prometem algo novo ("frutos frescos" ou literalmente "novos"). Em que sentido o amor baseia-se no velho (compromissos, tradições etc.), mas renova-se pelo novo?

2. Leia Cântico 8:1-4. Resumindo, a Sulamita exclama que uma vida inteira de casados era pouco; ela queria ter conhecido o amado desde a infância! Nisso, ela revela que está mais apaixonada do que nunca. (Na cultura daquela época, demonstrações públicas de afeto eram tabu, exceto entre irmãos. Se Salomão fosse o irmãozinho dela, ela poderia tê-lo beijado em público e ninguém daria a mínima.) O versículo 4 é a terceira e última vez que o refrão de paciência aparece no livro. Diferente das primeiras duas vezes (2:7; 3:5), a Sulamita fala como mulher casada.
    a. Por que exortar as filhas de Jerusalém a não despertar o amor até a hora certa? A razão está no contexto. Depois de exaltar a beleza do amor ao ponto de querer ter começado seu casamento com Salomão muito antes, ainda assim, ninguém deveria apressar o amor.

3. Leia Cântico 8:5. Esse pequeno texto parece recordar as alegrias misturadas com as tristezas do passado, que fazem parte de todos

os relacionamentos. Um observador neutro vê o casal chegando de um passeio, encostadinhos um no outro. A Sulamita então recorda o primeiro encontro do casal, quando o amor brotou: debaixo de uma macieira (um símbolo afrodisíaco), num lugar associado às dores de parto da mãe dela.
   a. Qual é a importância de alegria e dor (tristeza) no amadurecimento de uma relação?
   b. Qual é o perigo de esperar que o relacionamento seja só alegria?

4. Leia Cântico 8:6-7. Esse é o tema central e o versículo-chave do livro, os quais a Sulamita tem o privilégio de anunciar: o amor persevera e vence todos os obstáculos.
   a. Liste as características do amor que se descobrem nesses dois versículos.
   b. Como resumir essas características em uma só frase?
   c. Podemos dizer que o compromisso do amor é indelével, invencível, inescapável, insuperável, inextinguível e inigualável! Em nós mesmos, não somos capazes de reproduzir esse tipo de amor. Leia 1Coríntios 13:1-10. Quais os pontos de comparação entre os dois textos? Dessas características, quais são mais difíceis de se praticar? Esse é o amor de Deus, o único que capacita homens e mulheres falhos e fracos a se amarem mutuamente com amor outrocêntrico!

5. Leia Cântico 8:8-10. Mais uma vez, encontramos um *flashback* inesperado no texto. Os irmãos da Sulamita, que foram mencionados no início do livro (1:6), reaparecem como protetores da virgindade da sua irmãzinha.
   a. Qual é a ideia por trás das figuras aqui relatadas (muro, torre de prata, porta, tábuas de cedro)?
   b. Qual testemunho ela dá sobre guardar sua pureza moral?
   c. Qual é o papel da família em proteger os filhos de impureza e outros perigos de relacionamentos precoces? Como a igreja pode ajudar?

6. Leia Cântico 8:11-12. Lendo as entrelinhas e comparando com 1:5-6, parece que a Sulamita se encontrou providencialmente com Salomão justamente na vinha que os irmãos dela haviam arrendado. Essa "coincidência" rendeu muito para Salomão, para ela e também para os irmãos dela.
   a. Que lições sobre a paciência do amor e a providência divina podemos deduzir dessa história? (A Sulamita estava "no fim do mundo" no extremo norte de Israel, perto de Líbano, onde fielmente trabalhava na vinha, quando se encontrou com o Rei.)
   b. Qual é o equilíbrio entre a soberania divina e a responsabilidade humana quando se trata de relacionamentos românticos?

7. Leia Cântico 8:13-14. O livro termina de forma inesperada, mas maravilhosa. Primeiro, Salomão fala (v. 13), depois, a Sulamita (v. 14). Cada um revela características de um amor maduro por ser outrocêntrico. Esse amor sobrenatural reverte as tendências egoístas naturais do homem e da mulher. Quando Cristo toma conta do nosso coração, conseguimos amar como Ele primeiro nos amou.
   a. Salomão conclui seus discursos no livro clamando para *conversar* com sua esposa. Ele externou esse desejo durante o noivado (2:14), algo mais natural nessa fase do relacionamento. O que normalmente (infelizmente) acontece ao longo do casamento em termos da conversa do casal? Homens são caracterizados pelo desejo de ouvir a voz da esposa? O que está acontecendo aqui? Como isso reflete as ordens de Pedro aos maridos em 1Pedro 3:7?
   b. A Sulamita conclui seus discursos no livro convidando o marido (em termos eufemísticos ou "suaves") a uma nova relação sexual. O que às vezes acontece ao longo de um casamento em termos dos desejos sexuais do casal? Como essa tendência parece ser revertida aqui? Como isso reflete as ordens que Paulo dá aos casais em 1Coríntios 7:4-5?

8. É assim que o livro termina. Em dias em que a esperança para a família desvanece, existe a possibilidade de um relacionamento

duradouro, maduro e ainda apaixonado. O amor verdadeiro amadurece pelas etapas da vida com paciência, pureza e perseverança. O amor verdadeiro, como o amor de Deus, manifestado em Cristo Jesus, é outrocêntrico. Podemos resumir a ideia do livro assim: *O verdadeiro amor une de forma profunda e crescente aqueles que a ele se entregam em paciência, pureza e perseverança, refletindo assim o amor sobrenatural de Deus para com o seu povo.*

a. Como você reage diante desses estudos sobre o amor verdadeiro?
b. Onde Deus está trabalhando em sua vida para desenvolver um amor verdadeiramente outrocêntrico?
c. Há áreas em que precisa pedir perdão a Deus e a seu cônjuge?
d. Está disposto a renovar seu compromisso para com os votos conjugais?

▶ **Para oração**

Como grupo, clamem a Deus para que as marcas do amor verdadeiro — paciência, pureza e perseverança — caracterizem seus casamentos e o casamento de seus filhos. Agradeça a Deus pelo maravilhoso livro do Cântico dos Cânticos. Renove seu compromisso para com seus votos assumidos diante de Deus e dos homens.

▶ **Para reflexão**

1. Até que ponto jovens (ou seus pais) devem ser "proativos" na procura de um cônjuge? Qual é o limite entre descansar na soberania de Deus e exercer responsabilidade humana nessa busca?
2. Qual é o problema quando tentamos "casar" os solteiros, ou fazemos comentários do tipo "Você não se casou ainda?"?
3. Qual papel a família deve ocupar na preparação do jovem para o futuro casamento?

▶ **Tarefa final**

Leia o Comentário 8 antes do próximo encontro.

COMENTÁRIO 8

Uma tradição saudável que muitos casais praticam no dia do aniversário do casamento é rever o álbum de fotos e/ou assistir à filmagem da cerimônia do seu casamento. Alguns celebram, anos depois, voltando a fazer alguns passeios realizados durante a lua de mel. A recordação faz bem no processo de manter viva a chama do amor. O "velho" ajuda a estimular o novo.

De todos os trechos do livro, o último parece ser o mais difícil de compreender em uma narração progressiva ou no argumento lógico. O final do livro parece ser uma série de vinhetas que recapitulam os pontos altos de Cântico e da experiência romântica do casal. É como se a última página do álbum de fotos fosse uma montagem de várias fotos que recontam a experiência do casal ao longo dos anos. Ou seja, a natureza do verdadeiro amor é lembrada e explicada. Em tudo, o velho se mistura com o novo, as lembranças com as expectativas, as saudades do passado com a esperança pelo futuro.

> De todas as maneiras, percebemos o casamento amadurecido. Na experiência sexual mais íntima, na maior segurança da esposa, na liberdade que ela tem de iniciar a relação e, finalmente, na plenitude do relacionamento, o poeta pintou um retrato revelador desse casal modelo.[1]

Leland Ryken descreve o *grand finale* do livro como um caleidoscópio girado rapidamente.[2] Carr comenta que, na conclusão, encontramos todos os participantes de Cântico reunidos: os amados, os irmãos, a mãe e as filhas de Jerusalém.[3] Podemos imaginar que todas as testemunhas estão congregadas para ouvir a reafirmação do compromisso do casal.

---

[1] S. Craig GLICKMAN, *Solomon's Song of Love*, p. 90.
[2] Leland RYKEN, *Words of Delight*, p. 282.
[3] G. Lloyd CARR, *Song of Solomon*, p. 168.

Veja a sequência rápida de recapitulações e explicações sobre a natureza do amor que conclui Cântico:

- A Sulamita convida Salomão para um encontro romântico no campo, no qual renovarão sua paixão junto com o renovo de mais uma primavera (7:11-13).
- A Sulamita expressa o desejo de voltar ao passado, e de que o amado fosse seu irmãozinho para que ela pudesse ter demonstrado afeição pública para ele mesmo na infância (8:1-3).
- A Sulamita repete o refrão para as filhas de Jerusalém, que foi o segredo do sucesso do seu relacionamento com Salomão: não apresse o amor (8:4)!
- O casal lembra o momento do seu primeiro encontro na terra da Sulamita (8:5).
- A Sulamita apresenta a moral de toda a história, descrevendo o poder invencível do amor e clamando que o amor do amado seja perseverante e protetor na vida dela (8:6-7).
- Os irmãos da Sulamita descrevem seu papel de proteção e preparo da irmãzinha para o casamento, e ela testemunha sua virgindade (8:8-10).
- A Sulamita se lembra da ocasião em que se encontrou com Salomão na vinha do norte, arrendada para a família dela, e oferece os frutos (a vida dela!) de volta para ele (8:11-12).
- Salomão expressa o desejo de ouvir a voz dela (8:13).
- A Sulamita expressa o desejo de novamente se entregar sexualmente ao marido (8:14).

O final de Cântico se assemelha à poesia que exalta as virtudes do amor em 1Coríntios 13. Podemos resumir essa série de pequenos episódios como explicando a natureza do amor:

- O amor se renova através de lembranças do passado e experiências novas no presente (7:11-13).
- O amor se manifesta mediante o desejo por demonstrações públicas e particulares de afeição (8:1-3).

- O amor espera o momento oportuno para ser consumado (8:4).
- O amor recorda as alegrias e as dores do passado (8:5).
- O amor persevera e vence todos os obstáculos (8:6-7).
- O amor se prepara e se preserva puro para o amado (8:8-10).
- O amor lembra a soberania de Deus em sua história (8:11-12).
- O amor traz alegria ao conversar com o amado (8:13).
- O amor se renova e se celebra através da intimidade sexual (8:14).

I. PERDÃO CONSUMADO: O AMOR SE RENOVA ATRAVÉS DE LEMBRANÇAS DO PASSADO E EXPERIÊNCIAS NOVAS NO PRESENTE (7:11-13)

¹¹ Venha, meu amado, vamos para o campo, passemos a noite nas aldeias.

¹² Vamos levantar cedo e olhar as parreiras, para ver se já começaram a brotar, se as flores estão se abrindo, se as romãzeiras já estão em flor. Ali eu lhe darei o meu amor.

¹³ As mandrágoras exalam o seu perfume, e às nossas portas há todo tipo de frutos excelentes, frescos e secos, que reservei para você, meu amado.

O primeiro episódio na sequência de desfecho de Cântico apresenta a esposa tomando, pela primeira vez, a iniciativa para um retiro romântico no campo. Nas outras vezes, ela expressou esse desejo na terceira pessoa (1:2a; 2:6), mas agora fala diretamente para o amado. Nisso reconhecemos um amadurecimento no amor, pois ela se sente muito mais à vontade para expressar seus desejos a ele.

O "campo" representa o lugar em que ela se sentia mais confortável, e também onde o amor deles brotou (cf. 1:16-17).

Mais uma vez, o tema da primavera entra no texto (v. 12; cf. 2:10-13), simbolizando um recomeço no relacionamento. Juntos, eles investigarão os sinais de renovo nas vinhas, nas flores e nas romãzeiras, palavras que, ao longo do livro, simbolizavam a paixão. Ali, ela promete oferecer-lhe novamente seu amor, referência direta à relação sexual. Podemos concluir que o amor verdadeiro deve ser caracterizado por inúmeros recomeços, como a primavera, resistindo às tempestades e ao esfriamento causado pelo tempo.

No versículo 13, a Sulamita menciona as mandrágoras, plantas tidas como afrodisíacas (cf. Gênesis 30:14-16).[4] Ela sutilmente o atrai com a promessa de excelentes frutos reservados somente para ele, mais uma referência ao deleite que seu jardim de amor lhe oferece. Ela promete que o amor que já gozaram será multiplicado num contexto ainda mais prazeroso do que na capital.[5]

Note a importância do velho e do novo ("frescos e secos") no amor e na relação sexual. Sempre há novas descobertas a serem feitas, mas o casal não pode e não deve esquecer do tradicional. Ela expressa o desejo de continuar com o que é bom no romance deles, mas com criatividade e novidade, evitando assim a mesmice e a monotonia.[6] Ela ainda tinha muito mais para dar a ele no amadurecimento da relação. Também não há nenhuma necessidade de experiências exóticas, de filmes eróticos ou de estímulos externos para o amor. A vida toda é pouco para o casal apaixonado explorar as profundezas da experiência sexual num relacionamento com compromisso.

Paige Patterson nos lembra de uma lição que resume muito do ensino do livro sobre a sexualidade conjugal:

> Sexo sem custo invariavelmente resulta em tristeza, desapontamento, culpa e frustração. Somente quando um homem se entrega para a amada e os dois sacrificam tudo pelo bem do outro é que a intimidade sexual terá o significado que Deus quer.[7]

---

[4] O termo somente aparece seis vezes no Antigo Testamento: cinco vezes em Gênesis 30:14-16 e uma aqui, em Cântico. Há um jogo de palavras envolvendo o termo, pois a palavra "mandrágoras" דּוּדָאִים (*radudaim*) soa como a expressão "meu amado" (דֹּדִי, *dodai*), no final do versículo.

[5] Paige PATTERSON, *Song of Solomon*, p. 110.

[6] Idem, p. 111.

[7] Idem, p. 112.

II. RECORDAÇÃO DA INFÂNCIA: O AMOR SE MANIFESTA MEDIANTE O DESEJO POR DEMONSTRAÇÕES PÚBLICAS E PARTICULARES DE AFEIÇÃO (8:1-3)

¹ Quem dera que você fosse meu irmão, amamentado aos seios
   de minha mãe! Se eu o encontrasse na rua, poderia beijá-lo,
   e não me desprezariam!
² Eu o levaria para a casa da minha mãe, e você me ensinaria; eu lhe
   daria de beber vinho aromático e o suco das minhas romãs.
³ A sua mão esquerda estaria debaixo da minha cabeça, e a sua direita
   me abraçaria.

Depois do convite para um retiro romântico no campo, a Sulamita expressa um desejo que revela o quanto ela continua apaixonada pelo rei. Uma vida inteira de casados era pouco para ela; ela queria ter conhecido o amado desde a infância! Ela queria que ele fosse como um irmãozinho dela, para ter lhe demonstrado carinho publicamente sem ser censurada por isso. Na cultura da época, demonstrações públicas de afeto eram tabu, exceto entre irmãos. Se ele fosse o irmãozinho dela, ela poderia beijá-lo em público e ninguém daria a mínima (v. 1). Resumindo, uma vida inteira parecia pouco para o amor dela — um contraste nítido à ideia de que o amor monogâmico e vitalício é monótono e ultrapassado.

Esse desejo hipotético continua no próximo versículo. Se ele fosse o irmãozinho, ela poderia conduzi-lo.⁸ Dentro da casa materna, o papel iria mudar. Ela reconhece a grande sabedoria do amado e reflete como teria sido bom se ele a ensinasse na casa da mãe dela, talvez um reflexo do papel pastoral dado ao homem como líder espiritual do lar (Efésios 5:25-33; cf. 1Coríntios 14:35).

Em troca, ela lhe daria de beber do fruto do seu amor (não mais se referindo a ele como irmãozinho, mas como amante, v. 2b-3). Ela repete o desejo mencionado antes (2:6), referindo-se a uma posição de intimidade conjugal.

---

⁸ A palavra "conduzir" ou "introduzir" (נָהַג, *nahag*) traz a ideia de uma pessoa liderando outra, como, por exemplo, a mãe conduz o filho.

III. O AMOR AGUARDADO: O AMOR ESPERA O MOMENTO OPORTUNO PARA SER CONSUMADO (8:4)

> [4] Filhas de Jerusalém, jurem pelas gazelas e pelas corças selvagens que vocês não acordarão nem despertarão o amor, até que este o queira.

Apesar do desejo de ter conhecido o amado muito antes, ela reconhece que o amor vem na hora certa. Não há espaço para insatisfação ou reclamação quando a vida é vivida debaixo da soberania de Deus!

Note que o refrão se repete nesses momentos finais do livro, porém, não é a Sulamita aconselhando a si mesma e solicitando o apoio das "amigas" para esperar o momento certo de consumar o amor. Agora ela fala como mulher casada e experiente. O conselho dela assume outras dimensões. O que ela esperava no início, deu certo! Seu apelo serve como testemunho de que realmente vale a pena esperar e não apressar o amor, especialmente as manifestações físicas dele.

O refrão também serve como cautela para os leitores do livro: depois de exaltar as grandiosas dimensões de um amor bíblico, a tentação de sair correndo para procurar o amor da vida poderia ser grande. Mas novamente é necessário ter paciência e fé na soberania e na providência de Deus.

IV. RECORDAÇÃO DO PRIMEIRO AMOR: O AMOR RECORDA AS ALEGRIAS E AS DORES DO PASSADO (8:5)

> [5] Quem é esta que vem subindo do deserto, apoiada em seu amado? Debaixo da macieira eu o despertei; ali a sua mãe teve dores de parto, ali esteve com dores aquela que o deu à luz.

A inserção desse pequeno comentário serve para lembrar as múltiplas dimensões do amor depois da Queda. Ainda está cheio de deleite, mas também custa caro e traz consigo muitas dores.

A primeira metade do versículo é falado por uma voz anônima, que vê o casal subindo do deserto (assim como na procissão matrimonial, 3:6), e a Sulamita encostada no amado. O termo "apoiada" só aparece aqui no Antigo Testamento, e parece descrever uma intimidade própria dos casados. A simbologia do deserto no Antigo Testamento é extensa e pode ter importância nesse texto. Deere comenta:

> O deserto tinha duas associações simbólicas no Antigo Testamento. Primeiro, o deserto foi associado ao período de provação de Israel durante 40 anos. Em relação ao casal, seu amor tinha que superar provações que ameaçaram o relacionamento (por exemplo, a insegurança dela, 1:5-6; as raposinhas, 2:15; e a indiferença, 5:2-7). Segundo, o deserto foi usado como reflexo da maldição divina (cf. Jeremias 22:6; Joel 2:3). O fato de o casal sair do deserto sugere que, num certo sentido, haviam superado a maldição de desarmonia pronunciada sobre Adão e Eva.[9]

Logo em seguida, ela fala[10] e recorda o momento em que o amor "despertou" (cf. 8:4) entre eles. A cena muda rapidamente do deserto para o pomar. Foi um lugar romântico (a macieira está associada ao romance), mas a Sulamita faz questão de incluir a ideia de que aquele mesmo lugar tinha uma associação com momentos agridoces de novos começos, pois foi o lugar em que o amado havia nascido.[11] Duas vezes ela menciona as dores que acompanharam a chegada do amado a este mundo, texto que logo nos lembra de Gênesis 3:16, que profetizou que dores acompanhariam todo o processo de multiplicação depois da Queda.

---

[9] Jack S. DEERE, "Song of Songs", p. 1024.
[10] O sufixo "te" no verbo "despertar" está na 2ª pessoa singular masculino (יְחָרְדוּ, orartíca).
[11] Fica difícil imaginar que Bate-Seba teria dado à luz seu segundo filho, Salomão, debaixo de uma macieira, mas é o que o texto sugere. Por isso, alguns têm mudado a referência para que o texto se refira à mãe da Sulamita, ou seja, que o amado fala do lugar em que ela foi despertada ao amor. Porém, o fazem sem o respaldo gramatical do texto (veja nota anterior).

A lição parece ser o fato de que o amor é causa de grande alegria, mas acompanhado de sofrimento, como no parto. Vale a pena, mas é preciso estar disposto a pagar o preço.

V. RECORDAÇÃO DOS VOTOS: O AMOR PERSEVERA E VENCE TODOS OS OBSTÁCULOS (8:6-7)

⁶ Ponha-me como selo sobre o seu coração, como selo sobre o seu braço, porque o amor é tão forte como a morte, e o ciúme é tão duro como a sepultura. As suas chamas são chamas de fogo, são labaredas enormes.

⁷ As muitas águas não poderiam apagar o amor, nem os rios, afogá-lo. Ainda que alguém oferecesse todos os bens da sua casa para comprar o amor, receberia em troca apenas desprezo.

Em meio a essa sequência de vinhetas que recapitulam os temas principais do livro, a Sulamita tem o privilégio de anunciar o tema central. Tanner afirma que "a noiva é a verdadeira heroína do livro, fato atestado pelo papel que ela tem no capítulo final quando entrega a lição sobre amor e seus ciúmes".[12] Mais uma vez ela expressa desejo pelo amor comprometido e, no processo, revela a natureza do amor verdadeiro: perseverante, apesar de todos os obstáculos. O amor é muito mais que atração física ou relação sexual.

Ela clama para que ele a coloque como "selo" sobre o braço dele. O selo tradicionalmente era uma pedra ou um anel usado para estampar uma marca de autenticidade sobre um objeto, assim "selando-o" como posse particular protegida (cf. Gênesis 38:18; Jeremias 22:24; Ageu 2:23). O selo em si era uma posse preciosa para o dono, e tinha de ser guardado a sete chaves. Ela pede que Salomão a trate como um tesouro especial.[13] Nesse caso, ela quer que o selo fique sobre o coração (centro de emoções, intelecto, vontade) e sobre o braço (símbolo do poder).

---

[12] J. Paul TANNER, "The History of Interpretation of the Song of Songs", p. 46.
[13] Idem, p. 158.

O final do versículo 6 junto com versículo 7 oferece uma descrição da natureza invencível do amor que persevera e conquista todos os obstáculos. Há seis afirmações sobre a natureza do amor que soam como 1Coríntios 13.[14]

1. A ideia do selo traz o conceito de "votos" e representa uma garantia do amor (8:6a).
2. O amor é tão irresistível quanto a morte (v. 6b). A morte conquista tudo e todos, mas amor também supera toda oposição. Como a morte, o amor verdadeiro é irreversível e permanente (veja a ilustração desse amor no livro de Oseias).
3. O amor é tão ciumento quanto a sepultura ("Sheol", v. 6c). Assim como o Sheol, o lugar dos mortos, que não liberta os que ali entram, o amado não solta a amada. O amor é "duro" ou "severo" nesse sentido. No texto bíblico, existem dois tipos de ciúme: o perverso (cobiçoso) e o zeloso. Os ciúmes de Deus são zelosos, pois Deus zela pela sua própria glória (Êxodo 20:5; Deuteronômio 4:24). O amor verdadeiro tem um lado zeloso que deseja proteger o amado e o próprio relacionamento (cf. Provérbios 6:34).
4. O amor é como fogo e é gerado por Deus (v. 6d). Fogo e amor são intensos e poderosos.[15] É possível que esse versículo faça a única referência a Deus em todo o livro, mas há dúvidas se a tradução deve ser "fogo de Deus" ou "chama de fogo, labareda enorme".[16]
5. O amor não pode ser extinguido (v. 7a). Nenhum outro texto descreve em termos tão lindos a natureza perseverante do amor. Nem mesmo um tsunami seria capaz de apagá-lo!

---

[14] Paige PATTERSON, *Song of Solomon*, p. 116.

[15] Leland RYKEN, *Words of Delight*, p. 288.

[16] Muitos entendem o sufixo "yah" no final da palavra "chama" (שַׁלְהֶבֶתְיָה, *shalrrevet-iáh*) como uma referência a Deus ("Yah" como abreviação de Yahweh; veja a nota na margem da NVI). Se for uma referência a Deus, tem o efeito de transformar o termo num superlativo: "chama de Yah" ou "chama poderosa" (veja BDB s.v. תבהלת.) A Septuaginta, a versão siríaca e a Vulgata entendiam o sufixo como referência ao pronome possessivo da terceira pessoa singular feminina relacionado a um substantivo plural ("suas chamas") e não como abreviatura do nome divino.

6. O amor vale mais do que tudo (7b). Amor verdadeiro é sem preço. Se alguém tentasse comprá-lo, seria ridicularizado, pois o amor comprado não é amor, mas prostituição.

Salomão foi um homem de muitas amantes, e Cântico é o relato de um dos relacionamentos que sobrepujou todos os outros. O contexto dos amantes era notavelmente diferente. Ele cresceu nas cortes reais de Jerusalém, enquanto ela estava acostumada ao trabalho duro das vinhas sob um sol escaldante. Ele conhecia muitas mulheres, mas ela era virgem, guardada debaixo do olhar atento dos irmãos.

> Salomão podia lhe oferecer uma vida nas cortes reais, mas ela tinha algo muito maior para oferecer a ele. Ela podia ensiná-lo sobre um amor piedoso baseado em compromisso, um amor que precisava ser mutuamente exclusivo para experimentar seu ponto alto. Tal amor custaria caro (8:7). Era mais do que o dinheiro poderia comprar, mais até do que Salomão poderia oferecer. Então ela se torna a heroína do livro e ela (não Salomão) dá a homilia moral na conclusão do livro.[17]

Aplicação

Uma pergunta a ser respondida nessa altura do livro é: "Onde conseguir um amor como esse descrito no livro?". Sem ser simplista demais, a resposta é que Deus é a única possível fonte desse amor. É ele quem pronuncia a bênção sobre o casal no ponto central do livro (5:1b). Ele é o único que capacita homens e mulheres falhos e fracos a amarem um ao outro com amor outrocêntrico. Como o apóstolo João nos lembra, Deus é amor (1João 4:16), e nós conseguimos amar porque Ele nos amou: "Amados, amemos uns aos outros, porque o amor procede de Deus, e todo aquele que ama é nascido de Deus e conhece a Deus" (1João 4:7, cf. 1João 3:1,10; 4:8,10,12,16, 20; 5:1,3).

O auge da revelação do amor de Deus é a cruz de Cristo (João 3:16; Romanos 5:8). Assim como o casal descreve a natureza do amor nesse

---

[17] J. Paul TANNER, "The History of Interpretation of the Song of Songs", p. 160.

texto, o amor que Cristo demonstrou é irresistível, ciumento (nos persegue até o fim, cf. Oseias 11:4), gerado por Deus, não pode ser extinguido e vale mais que tudo. Mas o amor de Cristo também foi doloroso (8:5), pois custou-lhe a própria vida.

Deus quer construir nosso lar (Salmos 127:1) sobre o alicerce desse amor capaz de reverter os efeitos da Queda entre nós.[18]

VI. O AMOR SE PREPARA E SE PRESERVA PURO PARA O AMADO (8:8-10)

[8] Temos uma irmãzinha que ainda não tem seios. Que faremos por esta nossa irmã, no dia em que for pedida em casamento?
[9] Se ela fosse uma muralha, edificaríamos sobre ela uma torre de prata; se ela fosse uma porta, nós a reforçaríamos com tábuas de cedro.
[10] Eu sou uma muralha, e os meus seios, como as suas torres. Por isso, sou para ele como aquela que encontra a paz.

O final do livro representa um *flashback* inesperado. De repente, uma nova vinheta apresenta o diálogo dos irmãos dela, provavelmente encarregados dos cuidados familiares (uma vez que não há qualquer menção ao pai na história), especialmente da proteção de sua irmãzinha. Sabemos que o episódio representa uma recordação de algo ocorrido muito tempo antes porque os irmãos se referem à Sulamita como sua "irmãzinha que ainda não tem seios" (v. 8).

Como o casal encontrou um amor tão forte? O texto responde que um amor assim não vem por acaso. Além da providência de Deus (que será vista nos v. 11-12), entendemos que parte da resposta é:

- Ele derivou das decisões familiares em prol da pureza (8:8).
- Ele derivou da decisão individual dela, que escolheu o caminho mais difícil de negar-se a si mesma diante da tentação sexual (8:10).

---

[18] Glickman, entrevista.

Mais uma vez encontramos nas Escrituras o tema duplo de soberania divina e responsabilidade humana.

Para encontrar um amor duradouro, o papel da "multidão de conselheiros" é muito importante. Na ausência do pai, os irmãos da Sulamita ocuparam esse papel. (Na ausência de uma família cristã, o jovem hoje pode contar com conselheiros sábios, líderes na igreja, pastores, presbíteros e amigos piedosos.)

A família da Sulamita se preocupou o suficiente com ela para discipliná-la e encorajá-la na direção certa. Seus irmãos olharam para o futuro e fizeram provisão para sua irmãzinha. Eles a prepararam para o casamento.[19]

O ponto desse pequeno diálogo é mostrar que a história de amor encantado do casal não aconteceu por acaso. Houve preparação e planejamento, e a família da amada assumiu a responsabilidade junto com ela para que chegasse ao altar matrimonial como mulher pura, virgem.

Os irmãos fazem uma pergunta retórica, "Que faremos?", para reconhecer sua responsabilidade como protetores e guardiões da irmã. No versículo 9 eles resolvem vigiar a ela e seu comportamento diante de duas opções descritas figurativamente: Ela poderia ser um muro que não deixa entrar ninguém até o momento certo; ou poderia ser uma porta, que abre a qualquer hora para qualquer um. No primeiro caso, eles a honrariam, construindo uma torre de prata sobre ela. No segundo caso, eles tomariam providências, para que a porta não se abrisse mais para estranhos.

O versículo 10 faz um avanço rápido para o presente e explica o que realmente aconteceu. A Sulamita testemunha ter sido um muro, seus seios como torres (protegidas, valiosas e nobres) que ninguém havia escalado antes do rei. Por isso, ela tinha um presente nobre para entregar a ele nas núpcias: sua virgindade. Esse fato fez com que o marido tivesse paz no relacionamento — talvez a ideia de total confiança nela, como a NAA traduz: "Por isso, sou para ele como aquela que encontra a paz". A RA traduz "fui tida por digna da confiança do meu amado".

---

[19] Paige PATTERSON, *Song of Solomon*, p. 119.

Uma tradução mais literal diz: "então serei aos olhos dele como aquela que encontra (ou "providencia") paz (veja também NVI, RC e A21).

Aqui encontramos um jogo de palavras sutil, mas fascinante. A palavra hebraica para paz (*shalom*) soa como os nomes de Salomão (*shelomoh*) e Sulamita (*shulamít*), ou seja, o homem de paz encontra paz na mulher da paz pelo comportamento puro que ela demonstrou.

Glickman sugere que os irmãos foram muito espertos, oferecendo um prêmio pela obediência e um castigo pela desobediência, ou seja, colocando uma casquinha de sorvete na frente dela, e um forcado atrás![20]

Aplicações

Há várias aplicações desse texto para nós:

1. A família tem grande responsabilidade na proteção do testemunho moral dos seus membros.
2. A pureza moral é um presente de valor incalculável para se entregar ao cônjuge nas núpcias e gera grande confiança entre o casal.
3. Existe a possibilidade de reconquistar a pureza moral mesmo depois de perdida (note que os irmãos iriam tomar providências caso descobrissem que a irmã fosse promíscua; de um jeito ou outro eles fechariam a porta).
4. Deus honra a paciência e a pureza em relacionamentos com o sexo oposto.

VII. O AMOR LEMBRA A SOBERANIA DE DEUS EM SUA HISTÓRIA (8:11-12)

> [11] Salomão teve uma vinha em Baal-Hamom. Ele a entregou a uns lavradores, e cada um lhe trazia pelo seu fruto mil moedas de prata.
>
> [12] A minha vinha, que me pertence, dessa cuido eu! Você, Salomão, terá as suas mil moedas, e os que guardam o fruto dela, as suas duzentas.

---

[20] S. Craig GLICKMAN, *Solomon's Song of Love*, p. 106.

Toda história de amor é um testemunho à soberania e providência de Deus. "O amor não pode ser comprado, mas pode ser dado por Deus por providência (8:8-9), trabalhando com responsabilidade pessoal (8:10) que culmina na entrega mútua de duas pessoas (8:11-12)."[21]

Numa espécie de *flashback*, a Sulamita recorda o início do relacionamento, talvez o primeiro encontro com o rei. O texto lembra o testemunho que ela deu no início do livro. Lá, ela explicou a razão de ser tão morena: os irmãos, irados com ela por algum motivo, haviam-na forçado a trabalhar como guarda das vinhas (1:6). E aquela experiência que poderia ter sido causa de mágoas e ressentimento, na providência de Deus, acabou levando-a ao encontro inesperado com o dono das vinhas, Salomão. A história nos lembra da providência divina na vida de José, depois de ser vendido por seus irmãos à escravidão. O que os outros intentaram contra ele para o mal, Deus transformou em bem (Gênesis 50:20).

A Sulamita explica que o rei tinha a vinha na região de Baal-Hamon (região desconhecida hoje, mas provavelmente no norte de Israel). A vinha fora arrendada para a família da Sulamita (1:6), talvez entre outras, com a esperança de que cada inquilino devolvesse mil peças de prata (cerca de 12 quilos) no final da colheita. Fazendo a comparação com o início do livro, entendemos que foi justamente numa das visitas do rei à vinha que os dois se encontraram fortuitamente.

A mensagem para jovens (e seus pais) hoje não pode ser perdida. A Sulamita poderia ter achado que estava no fim do mundo, abandonada numa vinha, sem perspectivas, sem chance de encontrar o "príncipe encantado". Mas Deus é soberano, e assim como José testemunhou para seus irmãos, "o que os outros intentaram para o mal, Deus fez para o bem" (Gênesis 50:20; cf. Romanos 8.28). A mensagem do livro se reitera outra vez, em outras palavras: o amor tem que ser despertado e acordado por Deus!

Passando da vinha literal para a vinha figurativa (como ela também fez em 1:6), no versículo 12 ela coloca a vinha dela (que representa sua

---

[21] Idem, p. 186.

vida) ao dispor do rei. E promete que ele receberá tanto a ela (como "fruto") como os mil siclos de prata!

No final, ela acrescenta que aqueles que guardavam o fruto da vinha (os irmãos), iriam receber sua recompensa: 200 siclos de prata. Ou seja, assim como José demonstrou graça e perdão aos irmãos porque acreditava na soberania de Deus em sua história, a Sulamita estende graça e gratidão aos seus irmãos.

Holmyard resume a beleza desse momento no final do livro:

> Da mesma forma que os guardiões das vinhas de Salomão lhe traziam mil siclos de prata por ser ele o dono (v. 11), a Sulamita lhe ofereceu os mil siclos de prata da vinha dela (v. 12). Os "guardiões" da sua vinha, que mereciam os outros duzentos ciclos de prata, parecem ser seus irmãos. Se fazê-la cuidar da vinha foi a estratégia dos irmãos para mantê-la pura, como 8:8-9 e 1:6 podem sugerir, então a razão de ela não ter guardado a própria vinha (1:6) era que seus irmãos haviam feito isso, com bons resultados. Mas mesmo que a vinha fosse simplesmente propriedade dela, estava evidente que aquilo que era dela agora pertencia a Salomão. Em vez de casar-se para ganhar as riquezas dele, ela se casou para lhe entregar as riquezas dela.[22]

VIII. O AMOR TRAZ ALEGRIA AO CONVERSAR COM O AMADO (8:13)

> [13] Você, que habita nos jardins, os meus companheiros querem ouvir a sua voz! Eu também quero ouvi-la.

Há uma grande lição na maneira como o livro termina. Muitas vezes, com o passar do tempo, há um esfriamento no amor conjugal. O marido, que antes ansiava por ouvir a voz da amada (2:14), agora cansa de ter que conversar com ela. As demonstrações de afeição que ela ansiava dar para ele (1:2) se transformam em "dor de cabeça" e outras desculpas para não ter que se entregar novamente. Mas os últimos

---

[22] Harold R. HOLMYARD III, "Solomon's Perfect One", p. 168.

dois versículos do texto mostram que é possível, sim, reverter esses quadros. Notamos uma ironia: ele quer conversar com ela, e ela quer intimidade com ele! Esse é o efeito sobrenatural da graça e do amor de Deus quando derramados no casamento.

Quando comparamos as palavras dele no final com o que disse no início do livro (2:14), é notável que revelam o mesmo desejo intenso de crescer no conhecimento dessa mulher fascinante.[23] Esse é um dos papéis do homem refeito à imagem de Jesus. O apóstolo Pedro ressalta: "Maridos, vocês, igualmente, vivam a vida comum do lar com discernimento [literalmente, "conhecimento"], dando honra à esposa, por ser a parte mais frágil e por ser coerdeira da mesma graça da vida. Agindo assim, as orações de vocês não serão interrompidas" (1Pedro 3:7).

IX. O AMOR SE RENOVA E SE CELEBRA PELA INTIMIDADE SEXUAL (8:14)

[14] Venha depressa, meu amado, correndo como um gamo ou um filho da gazela sobre os montes perfumados.

Com o último versículo, o ciclo se fecha. O desejo pela intimidade física que ela expressou no início agora pode ser livre e espontaneamente realizado. Ela convida o marido a mais uma vez celebrar o amor deles, usando a mesma analogia dos cervos e filhotes de gazela, cheios de vigor e alegria, para saltar sobre os montes, que provavelmente representam os seios dela (cf. 2:17).

CONCLUSÃO

É assim que o livro termina. Que mensagem importante para nós! Em dias que a esperança para a família desvanece, existe a possibilidade de um relacionamento duradouro, maduro e ainda apaixonado.

A mensagem do livro fica clara e lindamente desenvolvida ao longo dele: o amor verdadeiro amadurece pelas etapas da vida com paciência, pureza e perseverança. O amor verdadeiro, como o amor de Deus,

---

[23] S. Craig GLICKMAN, *Solomon's Song of Love*, p. 111.

é outrocêntrico: sempre busca o que é interessante para o outro. "As últimas palavras do casal nos lembram que o romance do namoro continua no romance do casamento."[24]

> O Cântico dos Cânticos mostra que sexo dentro do casamento não é "sujo". A atração física entre homem e mulher e a realização dos seus desejos no casamento são naturais e honrosas. Mas o livro faz muito mais que exaltar a atração física entre os sexos. Também honra as qualidades agradáveis na personalidade dos amados. Ao mesmo tempo, a pureza moral antes do casamento é louvada (cf. 4:12). Sexo antes do casamento não tem lugar no plano de Deus (2:7; 3:5). Fidelidade antes e depois do casamento é exigida e honrada (6:3; 7:10; 8:12). Tal fidelidade no amor matrimonial retrata de forma linda o amor de Deus e seu compromisso para com seu povo.[25]

"O verdadeiro amor é um desejo interminável de suprir os anseios mais profundos do cônjuge."[26]

Pelo fato de o desfecho do livro ser uma recapitulação dos seus temas principais, não deve ser surpresa o fato de que aqui encontramos novamente a lição principal do livro: *O verdadeiro amor une de forma profunda e crescente aqueles que a ele se entregam em paciência, pureza e perseverança, refletindo assim o amor sobrenatural de Deus para com seu povo.*[27]

GRANDE IDEIA

Somente o perdão de Cristo é capaz de reverter os efeitos desastrosos do pecado nos relacionamentos familiares. Se alguma coisa for capaz de apagar o amor... não foi amor!

---

[24] Idem, p. 112.
[25] Jack S. DEERE, "Song of Songs", p. 1025.
[26] Carlos Osvaldo PINTO, *Foco e desenvolvimento*, p. 584.
[27] Adaptado de Carlos Osvaldo PINTO, *Foco e desenvolvimento*, p. 585.

Apêndice 1

MÉTODOS DE INTERPRETAR CÂNTICO DOS CÂNTICOS

Cântico tem sido considerado por alguns como o "patinho feio" das Escrituras.[1] Durante um tempo, constava na lista de livros proibidos, ou *antilegomena* (lit. "os livros falado contra"). Explica em parte porque judeus e cristãos relegaram sua interpretação durante séculos para a abordagem alegórica.

Mesmo assim, o livro sempre foi intrigante para os intérpretes. Glickman afirma que mais de quinhentos comentários foram escritos sobre Cântico nos primeiros mil e setecentos anos da história cristã,[2] muitos com interpretações totalmente diferentes e conflitantes entre si.

Há boa razão para essas dificuldades de interpretação do livro, assim como encontramos em livros como Ezequiel e Eclesiastes. O uso extensivo de figuras de linguagem num contexto poético e distante da nossa realidade complica a tarefa do intérprete. Precisamos reconhecer que, embora a mensagem central do livro fique clara, há muitos detalhes do livro que exigem boa dose de humildade por parte do intérprete.

Carlos Osvaldo Pinto ecoa essa observação quando diz que "o Cântico dos Cânticos trava uma séria disputa com Eclesiastes pelo título de livro mais profundamente mal interpretado das Escrituras. O Cântico, todavia, deixa Eclesiastes bem para trás quando se trata da variedade de abordagens e de interpretações resultantes".[3]

Embora haja quase tantas interpretações como intérpretes do livro, vamos resumir as maneiras principais pelas quais Cântico tem sido

---

[1] Carlos Osvaldo Pinto, áudio, maio-junho 2011.
[2] S. Craig GLICKMAN, *Solomon's Song of Love*, p. 173.
[3] Carlos Osvaldo PINTO, *Foco e desenvolvimento*, p. 578.

interpretado e, no final, propor o método que foi utilizado nesta série de estudos.[4]

1. INTERPRETAÇÃO ALEGÓRICA

Alegoria foi o método predominante durante quase dois milênios de interpretação do Cântico (do século 2 ao 19), tanto por judeus como por cristãos. A tensão criada pela linguagem sensual explícita no livro causava não pouca consternação entre os intérpretes, especialmente aqueles influenciados pelas escolas platônicas dualista e gnóstica, que supervalorizavam o não material (espiritual) e menosprezam o carnal (corporal): "A interpretação alegórica muitas vezes é baseada numa 'aceitação implícita da crença platônica ou gnóstica de que coisas materiais, especialmente aquelas relacionadas à sexualidade, são intrinsecamente más'".[5] Tanner relata que o método alegórico foi tão forte que qualquer outra interpretação (por exemplo, a perspectiva literal, segundo a qual o livro relata o relacionamento romântico e sexual de um casal casado) era considerada herética pelo Segundo Concílio de Constantinopla em 553 d.C.![6]

A interpretação alegórica de Cântico entende o livro como uma série de descrições poéticas do amor de Deus por Israel (no caso dos judeus) ou do relacionamento entre Cristo e a igreja (no caso dos cristãos). Um dos maiores argumentos contra esse método é a tremenda falta de concordância entre as interpretações oferecidas, por total ausência de controle hermenêutico. Por exemplo, os judeus entendiam a referência ao umbigo da Sulamita (7:2) como uma alusão à Jerusalém, como situada no centro do mundo. Os rabinos Rashi e Ibn Ezra entenderam os dois seios da mulher como referências aos querubins posicionados sobre o propiciatório no Santo dos Santos, e que o saquitel de mirra

---

[4] Para um breve resumo das formas de interpretar Cântico, veja Greg W PARSONS, "Guidelines for Understanding and Utilizing the Song of Songs"; Paige PATTERSON, *Song of Solomon*, p. 18ss; Jack S. DEERE, "Song of Songs", p. 1008-1025.

[5] Parsons, p. 402, citando Carr, p. 286-287.

[6] J. Paul TANNER, "The History of Interpretation of the Song of Songs", p. 39. Veja também Gordon FEE; Douglas STUART, *Como ler a Bíblia livro por livro*, p. 193.

(1:13) como se referindo à shekinah, a coluna de nuvem que representava a presença e a glória de Deus, pairando sobre os querubins (Êxodo 25:17-22; 40:34-38; Números 7:89).[7]

A incoerência e subjetividade do método alegórico se vê, por exemplo, quando Bernardo de Claraval interpretava as menções dos seios da Sulamita como referências aos montes Sinai e Calvário. Orígenes entendeu que o fato de a Sulamita ser escura (1:5-6) significava que a igreja estava contaminada pelo pecado, mas que sua beleza se refere à beleza espiritual depois da conversão. Outros diziam que a voz da rolinha (2:12) representava a pregação dos apóstolos![8]

Outro argumento contra o método alegórico inclui o fato de as alegorias bíblicas sempre serem claramente identificadas como tais (cf. Isaías 5:1-7; Ezequiel 16; Oseias 1—3). Além disso, a Bíblia evita imagens explicitamente sexuais para descrever o relacionamento de Deus com o povo da aliança.[9] O método alegórico caiu em desuso no século 19.[10]

2. INTERPRETAÇÃO TIPOLÓGICA

O método tipológico entende a "linha melódica" de Cântico de forma literal, mas como um tipo, ou figura, do amor de Jesus pela igreja. Os detalhes da história não são interpretados de maneira espiritual, como no método alegórico, mas prefiguram, em linhas gerais, princípios posteriores. A tipologia reconhece a legitimidade do registro veterotestamentário em si mesmo, mas encontra nesse registro uma ligação clara e paralela com algum evento ou ensinamento no Novo Testamento, que o Antigo prefigura.[11]

Esse método foi comum entre intérpretes conservadores do século 20. Ele evita a subjetividade da alegorização, pois a história é

---

[7] G. Lloyd CARR, "Song of Solomon", p. 282-283.
[8] Jack S. DEERE, "Song of Songs", p. 1009.
[9] Parsons, 402; veja Gordon H. JOHNSTON, "The Enigmatic Genre and Structure of the Song of Songs, Part 2", p. 166-167.
[10] Veja Carlos Osvaldo PINTO, *Foco e desenvolvimento*, p. 578 para uma avaliação maior do método alegórico.
[11] G. Lloyd CARR, *The Song of Solomon*, p. 24.

para ser entendida literalmente, mas a tendência é que, ao abordar o texto, a dimensão espiritual tipológica afogue o significado da mensagem para os ouvintes originais.[12]

Podemos listar alguns problemas com esse método:

- Salomão com suas muitas esposas seria um péssimo exemplo do amor de Cristo.
- Nada no livro sugere a interpretação tipológica.
- O Novo Testamento não cita nem faz alusão ao livro.[13]

3. INTERPRETAÇÃO DRAMÁTICA

A possibilidade de que o livro seja um drama, nos moldes dos dramas greco-romanos, ganhou força nos séculos 19 e 20. Essa leitura de Cântico normalmente vê no texto um enredo com vários atores e um coro feminino.

Duas alternativas clássicas dessa interpretação encaram duas ou três personagens como os atores principais.

A. Três personagens

Essa perspectiva vê o livro como um triângulo amoroso em que os atores principais são um pastor de ovelhas, praticamente invisível, mas que é o amado da Sulamita; uma pastora (a Sulamita); e o próprio Salomão, normalmente encarado como o vilão que tenta seduzir a Sulamita e acrescentá-la ao harém dele.[14] O problema dessa interpretação são os textos que precisam ser forçados para encaixar no modelo.

B. Duas personagens

Essa perspectiva dramática aborda o enredo dentro do gênero de histórias tipo Cinderela. Tem sido muito mais comum entre os

---

[12] Greg W. PARSONS, "Guidelines for Understanding and Utilizing the Song of Songs", p. 402.
[13] Idem, p. 403.
[14] O método alegórico com três personagens entende o pastor como Jesus, a pastora como a Igreja, e Salomão como o Diabo.

intérpretes.[15] Nessa interpretação, o triângulo amoroso é substituído pelo "cone amoroso" em que o pastor (Salomão?) e a pastora (a Sulamita) se aproximam um do outro enquanto se aproximam do próprio Deus (cuja voz se ouve em 5:1).

O problema principal com a interpretação dramática do livro é que não existe nenhuma evidência do "drama" como gênero literário entre os semitas antigos. Também há pouca ação no livro e há mais monólogo do que diálogo. Além disso, a teoria exige muitas suposições e imposições no texto.

4. POESIA LÍRICA

Fee e Stuart resumem esse método:

> Embora possa ter se originado como vários poemas românticos distintos [...] sua forma canônica pretende que ele seja lido como vários episódios/cenas de um poema, tratando-se, portanto, de uma "narrativa" apenas no sentido de que tal poesia está buscando retratar um determinado quadro.[16]

Essa perspectiva encara o Cântico como uma poesia que conta uma história, seja verídica (a perspectiva adotada aqui), seja fictícia, a saber, não associada a eventos na vida de Salomão. Sendo assim, descreve um amor romântico ideal com referências ao rei Salomão e à Sulamita; ou descreve um amor ideal fictício, com linguagem figurativa que utiliza imagens reais (o rei Salomão, a corte) para idealizar um relacionamento amoroso. Nesse caso, seria uma ficção literária usando elementos da realidade.

J. Paul Tanner defende uma perspectiva literal do livro como uma forma de interpretação mais natural:

---

[15] Greg W. PARSONS, "Guidelines for Understanding and Utilizing the Song of Songs", p. 403.

[16] Gordon FEE; Douglas STUART, *Como ler a Bíblia livro por livro*, p. 191.

Um dos princípios básicos de hermenêutica é que, para qualquer passagem, o sentido claro, normal, deve ser escolhido a não ser que haja clara evidência em contrário. Que o Cântico dos Cânticos deve ser entendido literalmente como descrevendo o relacionamento romântico e sexual entre dois amantes [...] tem sido a perspectiva menos popular.[17]

Existe evidência desse tipo de literatura no Egito. Esse método de interpretação não necessariamente entra em conflito com outros. O maior problema com a segunda alternativa (poesia lírica simbólica/fictícia) é a ausência de indicadores no texto de que as referências ao rei e à corte sejam meros símbolos.

Se Salomão for reconhecido como figura literal dentro da "narrativa" de Cântico, essa interpretação tem muitas vantagens, como explica o Dr. Carlos Osvaldo Pinto:

> Resta ao intérprete, portanto, uma alternativa simples, tomar o Cântico dos Cânticos como uma unidade a ser interpretada normalmente, percebendo um padrão de intimidade crescente entre um homem e uma mulher que se amam (que, no referencial ético das Escrituras, nada mais podem ser que a princípio comprometidos e, por fim, casados), cujo relacionamento é descrito em uma linguagem pastoril, idílica e altamente figurativa.[18]

5. ANTOLOGIA DE CÂNTICOS ROMÂNTICOS OU MATRIMONIAIS

Muitos estudiosos, como Leland Ryken, entendem que o livro não traça nenhuma linha narrativa, mas simplesmente registra uma série de cânticos românticos não relacionados entre si. Ryken defende a ideia de que o livro seja uma coleção (antologia) de poesias líricas, mas não em forma de narrativa. Ou seja, não há movimento linear

---

[17] J. Paul TANNER, "The History of Interpretation of the Song of Songs", p. 24.
[18] Carlos Osvaldo PINTO, *Foco e desenvolvimento*, p. 579.

de progressão narrativa, mas um movimento cíclico. Aponta o fato de que o livro deve ser lido de forma natural como poesias que exaltam o amor romântico entre um homem e uma mulher, e nada mais. Nessa leitura, não é tão importante identificar os oradores em cada texto, nem é necessário (ou recomendado) traçar uma cronologia no relacionamento do casal. O importante é experimentar as emoções que a poesia promove.[19] Se há estrutura no livro, é cíclica, girando em torno da poesia central, que é a consumação do casamento.

Gordon H. Johnston concorda com essa perspectiva e mostra como o livro é estruturado com vários refrãos e painéis paralelos. Ele adverte contra a tentativa de forçar o livro dentro de paradigmas dramáticos ou narrativos:

> Os refrãos poéticos e painéis paralelos sugerem que Cântico não é um drama literário ou narrativa poética, mas uma coleção de poemas de amor artisticamente desenhada. Uma sensibilidade à sua textura literária deve advertir os intérpretes a não forçarem no livro um enredo de narrativa artificial. O leitor pode se contentar com os méritos próprios de cada poema individual, assim como com o vai e vem dos temas recorrentes.[20]

Uma das principais vantagens dessa perspectiva do livro é que ajuda a explicar textos problemáticos que não parecem se encaixar na interpretação lírica linear. Ou seja, quando opta por uma interpretação narrativa sequencial do livro, há dificuldade em tratar de textos que aparentemente descrevem intimidade precoce entre Salomão e a Sulamita, momentos que não se enquadram confortavelmente em uma perspectiva que vê uma progressão cronológica no relacionamento dos dois (cf., por exemplo, 1:2,4,16,17; 2:5,6,17; 3:1-4).

Um problema enorme do método interpretativo é distinguir exatamente onde um poema termina e outro começa — algo fundamental

---
[19] Leland RYKEN, *Words of Delight*, p. 271ss.
[20] Gordon H. JOHNSTON, "The Enigmatic Genre and Structure of the Song of Songs, Part 3", p. 305.

para o expositor/leitor compreender sua mensagem. Outra dificuldade é discernir a mensagem clara que resulta dessas poesias diversas. Sem progressão cronológica na história do casal, o intérprete encontra uma colcha de retalhos com significado muito mais sujeito às fantasias do leitor. Além disso, esse método ignora uma clara progressão na história do casal que muitos intérpretes têm reconhecido, mesmo que haja dificuldade na interpretação de alguns textos.

Uma alternativa a essa interpretação vê Cântico como uma série de poesias usadas em cerimônias matrimoniais, segundo o modelo de casamentos sírios (conhecidos como *wasfs*); mas não existe evidência desse tipo de cerimônia no Israel antigo, e os paralelos são tênues na melhor das hipóteses.

6. INTERPRETAÇÃO ANALÓGICA

Esse método, adotado nas exposições aqui, segue em linhas gerais a perspectiva 4, que interpreta Cântico como uma poesia lírica literal, retratando o relacionamento real entre o rei Salomão e a jovem Sulamita. Mas vai além ao reconhecer um uso analógico do livro, que identifica sua função no cânon bíblico de exaltar o amor, o casamento e o sexo não como fins em si, mas como reflexos de um amor maior. Mesmo que o leitor prefira a interpretação antológica (que normalmente não vê uma progressão cronológica no relacionamento do casal, mas uma série de poesias de amor conjugal), o uso analógico do livro se mantém viável.

Esse método hermenêutico em Cântico reconhece elementos didáticos no desenvolvimento do livro. "Cântico parece comunicar uma lição sobre o amor conjugal que vai mais profundo. Por isso, Cântico é didático assim como literal."[21] Esse fato nos leva a sugerir que o livro contribui para o cânon bíblico, pois analogicamente aponta para o maior amor do universo, base para todo amor humano, o amor de Cristo.

> Cântico, sim, celebra a dignidade e a pureza do amor humano. Esse é um fato que nem sempre tem sido enfatizado suficientemente. Cântico [...] é didático e moral em seu propósito. Vem para nós neste

---

[21] J. Paul TANNER, "The History of Interpretation of the Song of Songs", p. 44.

mundo de pecado, em que lascívia e paixão estão por todos os lados, em que tentações ferozes nos assolam e tentam nos desviar do propósito divino do casamento. E nos lembra, de maneira excepcionalmente linda, quão puro e nobre é o verdadeiro amor. Mesmo assim, não esgota o propósito do livro. Não somente se refere à pureza do amor humano, mas, pela própria inclusão no cânon, nos lembra de um amor que é mais puro que nosso.[22]

Ou seja, uma interpretação literal da poesia figurativa do livro não descarta uma contribuição analógica do livro. Em termos da analogia bíblica, Cântico pode ser usado para *ilustrar* o relacionamento entre Cristo e sua igreja. Esse método entende que o livro de Cântico é poesia bíblica que apresenta um desenvolvimento progressivo (enredo) no relacionamento entre Salomão e a Sulamita como forma de instruir os leitores sobre a importância que o matrimônio tem aos olhos de Deus. No entanto, à luz das Escrituras como um todo, e dentro da história da redenção, reconhece que o casamento tem esse valor justamente porque foi criado por Deus como reflexo de verdades maiores. Ou, como já vimos, o casamento não é um fim em si, mas existe para espelhar e espalhar a glória de Deus. Para o intérprete cristão, isso inclui o aspecto analógico do relacionamento entre Cristo e a igreja.

> Se Cântico apresenta o amor e o relacionamento matrimonial nos maiores níveis de exercício e devoção, então certamente pode ser usado para exemplificar o que é transcendentemente verdadeiro no elo que existe entre Cristo e a igreja.[23]

RESUMO

Assim como em tantas controvérsias teológicas, existe valor em estudar as diversas maneiras pelas quais o livro tem sido interpretado. O próprio fato de ainda não haver consenso sobre a interpretação depois de três

---

[22] E. J. Young, *Introduction to the Old Testament*, p. 336, citado em J. Paul TANNER, "The History of Interpretation of the Song of Songs", p. 44.
[23] G. Lloyd CARR, *The Song of Solomon*, p. 23.

mil anos deve nos alertar quanto à possível existência de elementos verídicos nos vários métodos, os quais contribuirão com interpretação do livro. Isso não significa que existem múltiplas interpretações do livro, mas que cada modo de interpretá-lo oferece uma perspectiva valiosa que pode nos ajudar de alguma forma na interpretação.

Por exemplo, quase todos hoje rejeitam a abordagem alegórico do livro. Mas existe uma linha argumentativa válida e benéfica nessa interpretação, que reconhece o livro como parte da corrente da revelação bíblica (a história da redenção) e que nos leva a entender um uso analógico. O casamento tem valor pelo fato de Deus tê-lo investido de poderes que refletem realidades infinitamente maiores que ele! Rejeitamos categoricamente a alegorização, mas reconhecemos que ela demonstra uma louvável sensibilidade à importância que o matrimônio tem na história da redenção.

Outros métodos de interpretação também contribuem para nossa compreensão da mensagem. Por exemplo, a perspectiva majoritária hoje — de que o livro é uma antologia ou coleção de cânticos sem enredo dramático ou cronológico — nos adverte contra a tendência de forçar a história em um suposto enredo que talvez não exista no texto; também nos lembra de que o Cântico é, sim, uma coleção de poesias românticas reunidas em um cântico só.

A perspectiva dramática chama atenção ao contexto agrícola que cerca toda a história e a importância de interpretar com sensibilidade as figuras de linguagem de acordo com esse contexto.

A interpretação que encara Cântico como um poema de bodas, segundo os padrões dos casamentos sírios, também nos alerta à realidade de que o livro apresenta, sim, uma cerimônia de casamento nos moldes do Oriente Médio Antigo (cf. Salmo 45), algo que pode nos resguardar de falácias anacronistas que impõem nossos conceitos das bodas sobre o texto.

OBSERVAÇÃO: FIGURAS DE LINGUAGEM E O CONTEXTO AGRÍCOLA DE CÂNTICO

Basta uma última observação dentro da questão hermenêutica de Cântico. O livro pertence ao gênero literário de poesia. Leland Ryken afirma que "Cântico é o livro mais inteiramente poético na Bíblia".[24] A própria natureza de romance e amor faz brotar poesia e canto, fenômeno histórico e mundialmente conhecido. "Frequentemente, quando alguém experimenta beleza excepcional, descobre que palavras comuns são inadequadas para descrevê-la."[25] Por isso, o poeta lança mão de figuras de linguagem que pintam retratos que valem mil palavras.

Como poesia, o livro inclui um número substancial de figuras de linguagem que soam estranhas para o ouvido contemporâneo, especialmente para aqueles não acostumados ao contexto agrícola do livro.

O intérprete precisa examinar (e explicar para seus ouvintes no contexto expositivo) essas figuras com muito cuidado. Muitas vezes, o ponto principal da comparação não é visual, mas emocional. Por exemplo, comparar a amada a uma égua (1:9) não soa lisonjeiro para a maioria das mulheres hoje. Mas quando se considera toda a figura — uma égua entre as carruagens de Faraó —, e se entende que as carruagens de Faraó normalmente eram puxadas por cavalos, fica mais fácil entender o ponto da comparação: a Sulamita tinha um poder provocativo extraordinário, como se uma égua de repente aparecesse no meio da multidão de cavalos nos estábulos de Faraó. Em Cântico, as figuras (em sua maioria, agrícolas) são comparações que evocam mais emoções do que imagens.

> As figuras de linguagem [...] são abundantes. Seus pontos de referência são ocasionalmente estranhos para nossa sociedade não agrária, e parecem rústicos e pouco elogiosos, mas no contexto de uma sociedade pastoral seriam adequados e bem aceitos. Tais figuras devem ser interpretadas mais em termos de valor e emoção do que em termos de comparação estrita.[26]

---

[24] Leland RYKEN, *Words of Delight*, p. 289.
[25] S. Craig GLICKMAN, *Solomon's Song of Love*, p. 14.
[26] Carlos Osvaldo PINTO, *Foco e desenvolvimento*, p. 580.

Apêndice 2

PREGAÇÃO EXPOSITIVA DE CÂNTICO

1. UNIDADES DE EXPOSIÇÃO

Existe uma diversidade enorme na maneira como Cântico tem sido esboçado ao longo dos séculos (ou não esboçado, conforme aqueles que veem nele uma antologia desconexa de poemas românticos, sem nenhum argumento ou desenvolvimento linear). Faz sentido, então, que a divisão do livro em unidades de pensamento para exposição também represente um desafio gigantesco para o pregador.

Mesmo assim, quando se compara os diversos esboços sugeridos para o livro, especialmente aqueles que o encaram como uma antologia e com desenvolvimento linear central, chega-se à conclusão de que existe, sim, consenso quanto ao enredo do livro. Com pequenas modificações, a exposição do livro divide-se em unidades que compõem o livro na sequência que segue:[1]

1. A expectativa do amor (noivado, 1:1—3:5).
2. A expressão do amor (casamento, 3:6—5.1).
3. A expansão do amor (conflito conjugal, 5:2—7:10).
4. A explicação do amor (moral da história, 7:11—8:14).

Mesmo que o livro seja entendido ciclicamente, os elementos apresentados acima ainda aparecem ao longo dele e, por isso, cremos ser válida essa forma de expor o texto.

---

[1] Esboço de Carlos Osvaldo Pinto numa série de exposições no Seminário Bíblico Palavra da Vida, maio-junho 2010.

Outros fatores contextuais ditarão o número de pregações que poderão constituir uma série em Cântico. Por exemplo, o livro poderia ser exposto em quatro pregações durante o "mês da família" no calendário eclesiástico (maio, na maioria das denominações no Brasil). Mas quatro pregações nos parecem pouco para realmente exprimir a riqueza que há no texto, pois teriam que abordar unidades grandes demais para uma exposição mais detalhada.

Neste livro, dividimos o texto em oito lições, conforme o esboço que segue.

- **Pregação 1**
  Introdução e panorama (O amor verdadeiro conforme Cântico, 1:1)

  I. A expectativa do amor (namoro e noivado: paciência, 1:2—3:5)
- **Pregação 2** a. Despertamento (1:2-11)
- **Pregação 3** b. Paciência (1:12—2:7)
- **Pregação 4** c. Renovação (2:8—3:5)

- **Pregação 5**
  II. A expressão do amor (casamento: pureza, 3:6—5:1)

  III. A expansão do amor (5:2—8:7)
- **Pregação 6** a. Perseverança (5:2—6.3)
- **Pregação 7** b. Perdão (6:4—7:10)

- **Pregação 8**
  IV. A explicação do amor (recapitulação, 7:11—8:14)

2. PREGAÇÃO TÓPICA EM CÂNTICO

Um último assunto que cabe nesta consideração de como Cântico pode ser usado na exposição cristã envolve a possibilidade de tratar dos temas do livro em pregações ou estudos tópicos. Consideramos a exposição tópica uma metodologia válida para abordar assuntos destacados na teologia bíblica de um livro, desde que respeite a interpretação lítero-histórico-gramatical.

Como muitos têm demonstrado, Cântico inclui elementos comuns à literatura de sabedoria das Escrituras (como Jó, Provérbios, Eclesiastes e outros trechos, como Gênesis 37—50). Esse gênero literário didático, que responde às grandes dúvidas da alma humana (Por que o justo sofre? Como ter uma vida bem-sucedida? Qual é o significado da vida? Como encontrar um amor verdadeiro?), muitas vezes pode ser estudado de forma temática, visando reunir em um lugar uma coleção completa das "pepitas" da sabedoria divina espalhadas na superfície (e debaixo da superfície) de um livro bíblico.

O livro de Provérbios encoraja esse tipo de "garimpo" (cf. Provérbios 2:1-5) em que textos que tratam do mesmo tema são ajuntados para desenvolver uma "teologia bíblica" do assunto. Certamente o livro de Provérbios rende grandes resultados homiléticos quando estudado e pregado dessa maneira. O livro de Cântico também oferece joias preciosas ao expositor diligente que consegue reunir alguns temas que se repetem ao longo do livro. Por exemplo, o expositor poderia desenvolver o tema da exclusividade do amor verdadeiro, baseado no refrão de 2:16, 6:3 e 7:10 ("o meu amado é meu, e eu sou dele"). Outro tema trataria da paciência na espera pelo "príncipe encantado" e pela consumação física do amor (2:7, 3:5 e 8:4 — "Jurem pelas gazelas e pelas corças selvagens que vocês não acordarão nem despertarão o amor, até que este o queira"). Outra pregação poderia abordar as tensões que surgem no relacionamento a dois, à luz dos efeitos desastrosos da Queda em Gênesis 3, usando a ideia das "raposinhas" citadas em 2:15.

Bibliografia de obras consultadas

AKIN, Daniel. *God on Sex*. Nashville: Broadman & Holman, 2003.
BOTEACH, Shmuley. *Kosher Sex*. New York: Broadway Books, 1999.
BROMILEY, Geoffrey W. *God and Marriage*. Edinburgh: T&T Clark, 1980.
BROWN, F.; DRIVER, S. R.; BRIGGS, C. A. *Enhanced Brown-Driver-Briggs Hebrew and English Lexicon*. Ed. eletrônica. Oak Harbor: Logos, 2000.
BULLINGER, E. W. *Figures of Speech Used in the Bible*. London; New York: Eyre & Spottiswoode; E. & J. B. Young & Co., 1898.
BURNS, J. Lanier. "The Biblical Use of Marriage to Illustrate Covenantal Relationships". *Bibliotheca Sacra* 173 (2016), p. 273-296.
CARR, G. Lloyd. "Song of Solomon" em RYKEN, Leland; LONGMAN III, Tremper (eds.). *A Complete Literary Guide to the Bible*. Grand Rapids: Zondervan, 1993.
_____. *The Song of Solomon: An introduction and commentary*. The Tyndale Old Testament Commentaries. Downers Grove: InterVarsity, 1984.
CHAPELL, Bryan. *Pregação cristocêntrica: Restaurando o sermão expositivo, um guia prático e teológico para a pregação bíblica*. São Paulo: Cultura Cristã, 2002.
CHANDLER, Matt. *The Mingling of Souls*. Colorado Springs: David C. Cook, 2015.
DEERE, Jack S. "Song of Songs" em WALVOORD, John F. e ZUCK, Roy B (eds). *The Bible Knowledge Commentary*: *Old Testament*. Wheaton: Victor, 1985.
DILLARD, Raymond B. e LONGMAN III, Tremper. *Introdução ao Antigo Testamento*. São Paulo: Vida Nova, 2006.
DRISCOLL, Mark. "Dating, Relating and Fornicating". Disponível em <pastormark.tv/2011/10/26/dating-relating-and-fornicating>. Acessado em 16 de janeiro de 2012.
FEE, Gordon; STUART, Douglas. *Como ler a Bíblia livro por livro*. São Paulo: Vida Nova, 2013.
_____. *Entendes o que lês?* São Paulo: Vida Nova, 1997.
GANGEL, Kenneth O. "Toward a Biblical Theology of Marriage and Family Part Two: Poetical and Prophetical Books". *Journal of Psychology and Theology* 5 (1977), p. 150-162.

GLICKMAN, S. Craig. *Solomon's Song of Love*. West Monroe: Howard, 2004.

_____. *A Song for Lovers*. Downers Grove: InterVarsity, 1976.

HARRIS, R. L.; ARCHER, G. L.; WALTKE, B. K. *Theological Wordbook of the Old Testament*. Edição eletrônica. Chicago: Moody, 1999.

HOLMYARD III, Harold R. "Solomon's Perfect One". *Bibliotheca Sacra* 155 (1998), p. 164-171.

JEHLE, Paul. *Dating vs. Courtship: A vision for a generation who will build a new foundations of truth, love and purity.* Marlboro: Plymouth Rock Foundation, 1993.

JOHNSTON, Gordon H. "The Enigmatic Genre and Structure of the Song of Songs, Part 1". *Bibliotheca Sacra* 166 (2009), p. 36-52.

_____. "The Enigmatic Genre and Structure of the Song of Songs, Part 2". *Bibliotheca Sacra* 166 (2009), p. 163-180.

_____. "The Enigmatic Genre and Structure of the Song of Songs, Part 3". *Bibliotheca Sacra* 166 (2009), p. 289-305.

KELLER, Timothy; KELLER, Kathy. *O significado do casamento*. São Paulo: Vida Nova, 2012.

KEMP, Jaime. "O cristão e o sexo", Lição 12, *Revista EBD SOCEP*, s.d.

KÖSTENBERGER, Andreas J.; JONES, Robert. *Deus, casamento e família: Reconstruindo o fundamento bíblico*. São Paulo: Vida Nova, 2011.

KURUVILLA, Abraham. *O texto primeiro*. São Paulo: Cultura Cristã, 2021.

LEWIS, C. S. *Cartas de um diabo a seu aprendiz*. Ed. eletrônica. Rio de Janeiro: Thomas Nelson, 2017.

MILLS, Bill. *Fundamentos bíblicos para o casamento*. Atibaia: Pregue a Palavra, 2009.

NELSON, Tommy. *The Book of Romance*. Nashville: Thomas Nelson, 1998.

PARSONS, Greg W. "Guidelines for Understanding and Utilizing the Song of Songs". *Bibliotheca Sacra* 156 (1999), p. 399-422.

PATTERSON, Paige. *Song of Solomon*. Chicago: Moody Press, 1986.

PINTO, Carlos Osvaldo. *Foco e desenvolvimento no Antigo Testamento*. 2 ed. revisada e atualizada. São Paulo: Hagnos, 2014. O livro agora se chama *Estruturas literárias do Antigo Testamento*.

PIPER, John. *Casamento temporário*. São Paulo: Cultura Cristã, 2011.

PIPER, John; TAYLOR, Justin. *Sexo e a supremacia de Cristo*. São Paulo: Cultura Cristã, 2009.

RAINEY, Dennis. *Ministério com famílias no século 21*. São Paulo: Vida, 2001.

RYKEN, Leland. *Words of Delight: A literary introduction to the Bible.* Grand Rapids: Baker Book House, 1987.

TANNER, J. Paul. "The History of Interpretation of the Song of Songs". *Bibliotheca Sacra* 154 (1997), p. 23-46.

THOMAS, Gary. *Casamento sagrado.* Curitiba: Esperança, 2017.

WILKINSON, Bruce; BOA, Kenneth. *Talk Thru the Bible.* New York: Thomas Nelson, 1983.

Sobre o autor

Pr. David Merkh é casado com Carol Sue desde 1982. O casal tem seis filhos: Davi (casado com Adriana), Michelle (casada com Benjamin), Juliana, Daniel (casado com Rachel), Stephen (casado com Hannah) e Keila (casada com Fabrício). David e Carol tinham vinte netos quando este livro foi escrito.

David graduou-se bacharel em Ciências Sociais na Universidade de Cedarville (EUA, 1981), Mestre em Teologia no Dallas Theological Seminary (EUA, 1986) e Doutor em Ministérios com ênfase em ministério familiar no mesmo seminário (2003). Ele é missionário no Brasil desde 1987, trabalhando como professor do Seminário Bíblico Palavra da Vida em Atibaia, SP. Serve como pastor auxiliar na Primeira Igreja Batista de Atibaia desde 1987.

David e sua esposa são autores de vinte livros sobre vida familiar e ministério prático, a maioria deles publicada pela Editora Hagnos. O casal também ministra em conferências e congressos para casais e famílias, e tem desenvolvido um ministério para famílias de missionários e pastores ao redor do mundo. Eles têm um canal no YouTube, "Palavra e Família", com muitos episódios sobre vida familiar. Seu site www.palavraefamilia.org.br possui muitos artigos sobre família e temas bíblicos, e hospeda mensagens da rádio BBN do programa "Palavra e Família".

Livros do autor

O leitor que encontrou aqui material útil apreciará outros livros do autor, de abordagem bíblica e prática para a igreja brasileira.

Comentário Bíblico: Lar, Família e Casamento
Um comentário expositivo sobre os principais textos bíblicos sobre a família. Neste guia sistemático e altamente bíblico, pastores, líderes de ministérios familiares, estudiosos e casais encontrarão uma enciclopédia de informações úteis e agradáveis que podem transformar para sempre seus lares e as famílias para as quais ministram.

Série 15 Lições *(coautoria: Carol Sue Merkh)*
15 Lições para Transformar o Casamento
15 estudos sobre os fundamentos de um lar cristão, incluindo lições sobre o propósito de Deus para a família, reavivamento no lar, aliança e amizade conjugais, finanças, papéis, comunicação e sexualidade no lar.

15 Lições para Educação de Filhos
15 estudos sobre a criação de filhos, incluindo lições sobre o discipulado e a disciplina de crianças, com ênfase em alcançar o coração do seu filho.

15 Lições para Fortalecer a Família
15 estudos sobre temas e situações preocupantes no casamento que começa com uma perspectiva equilibrada sobre mudança bíblica, ou seja, o que Deus quer fazer no coração de cada um apesar de e por causa das "tempestades" pelas quais passam. Inclui estudos sobre: maus hábitos, crítica, parentes, finanças, sogros, discussões e decisões sobre o futuro.

Livros sobre tópicos familiares:
151 boas ideias para educar seus filhos (coautoria: Carol Sue Merkh)
Uma coletânea dos textos bíblicos voltados para a educação de filhos, com sugestões práticas e criativas para sua aplicação no lar.

O legado dos avós (David Merkh e Mary-Ann Cox)
Um livro escrito por uma sogra em parceria com o genro sobre o desafio bíblico de deixar um legado de fé para a próxima geração. Inclui:
- 13 capítulos desenvolvendo o ensino bíblico sobre a importância do legado, apropriados para estudo em grupos pequenos, escola bíblica, grupos da terceira idade etc.
- 101 ideias criativas de como os avós podem investir na vida dos netos.

O namoro e noivado que Deus sempre quis (David Merkh e Alexandre Mendes)
Uma enciclopédia de informações e desafios para jovens que querem seguir princípios bíblicos e construir relacionamentos sérios e duradouros para a glória de Deus.

Perguntas e Respostas sobre o Namoro (David Merkh e Alexandre Mendes)
Respostas às dúvidas mais comuns sobre a construção de relacionamentos que glorificam a Deus.

Homem Nota 10
Esse manual de 18 estudos visa encorajar homens a serem tudo que Deus deseja. Dezoito estudos examinam as listas de qualidades do homem de Deus conforme 1Timóteo 3 e Tito 1.

Homens Mais Parecidos com Jesus
Esse guia de discipulado tem 13 estudos sobre o caráter e a conduta de homens que se parecem cada vez mais com Cristo Jesus. Estudos indutivos seguem o plano de Deus para o homem desde a criação, passando pela Queda e a restauração da verdadeira masculinidade encontrada em Cristo.

Casamento Nota 10 (coautoria: Marcos Samuel P. dos Santos)
Muitos casais não tiveram o privilégio de conviver com mentores ou uma família modelo para prepará-los para os desafios da vida a dois. Mas a Palavra de Deus oferece esperança para termos lares sólidos quando deixamos Jesus ser o construtor da família. *Casamento Nota 10* serve como guia fiel da vida matrimonial para casais de noivos, recém-casados ou aqueles com muitos anos de vida conjugal. Escrito para uso individual, casais ou grupos de estudo bíblico, os princípios fundamentais para um casamento bem-sucedido são compartilhados de forma devocional e prática.

Série *101 Ideias Criativas*

101 Ideias Criativas para a Família (coautoria: Sue Merkh)
Apresenta sugestões para enriquecer a vida familiar, com ideias práticas para:
- o relacionamento marido-esposa
- o relacionamento pais-filhos
- aniversários
- refeições familiares
- preparo para o casamento dos filhos
- viagens

101 Ideias Criativas para o Culto Doméstico
Recursos que podem dinamizar o ensino bíblico no contexto do lar e deixar as crianças "pedindo mais".

101 Ideias Criativas para Grupos Pequenos
Um livro que ajuda no ministério com grupos familiares e nos vários departamentos da igreja. Inclui ideias para quebra-gelos, eventos e programas sociais e brincadeiras para grupos pequenos e grandes.

101 Ideias Criativas para Mulheres (Carol Sue Merkh e Mary-Ann Cox)
Sugestões para transformar chás de mulheres em eventos inesquecíveis, que impactam a vida das mulheres. Inclui ideias para chás de bebê, chás de cozinha e reuniões gerais da sociedade feminina da igreja. Termina com dez esboços de devocionais para encontros de mulheres.

101 Ideias Criativas para Professores (David Merkh e Paulo França)
Dinâmicas didáticas para enriquecer o envolvimento dos alunos na aula e desenvolver melhorar a compreensão do ensino.

Série *Paparicar* *(coautoria: Carol Sue Merkh)*
101 ideias de como paparicar seu marido
Textos bíblicos com aplicações práticas para a esposa demonstrar amor para seu marido.

101 ideias de como paparicar sua esposa
Textos bíblicos com aplicações práticas para o marido demonstrar amor para sua esposa.

Sua opinião é importante para nós.
Por gentileza, envie-nos seus comentários pelo e-mail:

editorial@hagnos.com.br

Visite nosso site:

www.hagnos.com.br